Gustav Mosen

Die Weihnachtsspiele im sächsischen Erzgebirge

Gustav Mosen

Die Weihnachtsspiele im sächsischen Erzgebirge

ISBN/EAN: 9783743382992

Hergestellt in Europa, USA, Kanada, Australien, Japan

Cover: Foto ©ninafisch / pixelio.de

Manufactured and distributed by brebook publishing software (www.brebook.com)

Gustav Mosen

Die Weihnachtsspiele im sächsischen Erzgebirge

Die Weihnachtsspiele

im

sächsischen Erzgebirge.

Von

Gustav Mosen,

Gymnasiallehrer in Zwickau.

Zwickau.

Eigenthum des Vereins zur Verbreitung guter und wohlfeiler Volksschriften.

1861.

Inhaltsübersicht.

	Seite
Der Ursprung des Schauspiels	1
Das geistliche Schauspiel des Mittelalters	5
Uebergang in das weltliche Schauspiel	7
Fortdauer der geistlichen Schauspiele im Volke	9
Das Passionsspiel von Oberammergau	10
Passionsspiele in andern Gegenden Deutschlands	12
Die Weihnachtsspiele in verschiedenen Gegenden	14
Passionsspiele in Sachsen	14
Weihnachtsspiele im sächsischen Erzgebirge, Engelschaar und Königschaar	15
Gersdorf und Ernstthal	16
Zschopau	17
Annaberg und Umgegend	21
Frohnau, Wiesa, Hermannsdorf	21
Die Engelschaar, wie sie in Frohnau, Wiesa, Hermannsdorf aufgeführt wurde, geschildert und mitgetheilt	22
Die Königschaaren von Königswalde, Sehma, Cranzahl	31
Raschau	37
Markersbach, Großpöhla, Grünhain, Crottendorf	38
Aue, Pfannenstiel, Rittersgrün, Jöhstadt, Cunnersdorf	39
Die Engelschaaren von Geier, Scheibenberg	39
Schlettau, Bockau, Grumbach, Buchholz, Bärenstein	40
Mildenau	40
Neudorf	41
Allgemeine Nachrichten von Weihnachtsspielen in andern Gegenden des Erzgebirges	47

	Seite
Weihnachtsspiele im böhmischen Erzgebirge	47
Mängel dieser Weihnachtsspiele	49
Versuch einer Reformation derselben	50
Der Weihnachtsverein	51
Der Ort der Aufführung und die Bühne	52
Der Chor	54
Vorbemerkungen über die einzelnen Rollen	57
Das Costüm der Darsteller	60
Ein neues Weihnachtsspiel	63

Wenn Du, günstiger Leser, heutiges Tages in einem Theater für Dein Geld anhörst und ansiehst, was sie Dir vorspielen, so wirst Du es nicht glauben wollen, wenn Dir Jemand sagt, daß die Schauspiele ursprünglich Gottesdienst gewesen sind und aus der Kirche herstammen. Ei, wirst Du sagen, da ist ja von Gott und seinem Worte gar nicht die Rede, und wenn sich die Geschichte, die man da aufführen sieht, auch immer um die Liebe dreht, so ist das doch nicht die Liebe, von der die Religion uns sagt, die Liebe, die Gott zu den Menschen hat und die die Menschen zu Gott und zu dem, den er gesandt hat, und zu allen ihren Brüdern haben sollen. — Du hast schon recht, das heutige Schauspiel ist so ganz anders geworden, als es im Anfange war, daß man ihm seinen Ursprung gar nicht mehr anmerken kann. Es wird ja der Sohn eines Pfarrherrn auch nicht allemal wieder Pfarrer, sondern manchmal ein rechtes Weltkind, das vielleicht an seinen Ursprung gar nicht erinnert sein mag. Da will ich Dir denn nun zuerst erzählen, wie das Schauspiel entstanden und wie es nach und nach zu dem geworden, was es jetzt ist.

Wenn uns Jemand recht lieb und theuer ist, der vielleicht nicht mehr lebt oder in der Ferne weilt, so daß ihn unser leibliches Auge nicht mehr sieht, so wünschen wir von ihm eine Abbildung zu haben, die unsere Erinnerung an ihn lebendiger macht, und wer Gemüth hat, kann sich in den Anblick eines solchen Bildes so vertiefen, daß er dabei fast dieselbe Freude empfindet, die er sonst im Anblicke des Gegenwärtigen empfand. So sah er aus, diese Augen haben so freundlich einst auf Dir geruht, diese Lippen haben einst das oder das zu Dir gesagt.

Und wie die Bilder unserer Angehörigen und Freunde, so haben wir auch gern die Bilder von großen und edlen Männern, die sich Verdienste um die Welt erworben haben, und die bildlichen Darstellungen von wichtigen Begebenheiten, von denen wir haben erzählen hören. Das Bild bewirkt, daß wir uns diese Männer und diese Begebenheiten viel deutlicher vorstellen können. Nun aber gibt es auf Erden keinen, der größeres Verdienst um das ganze menschliche Geschlecht und auch um uns gehabt hätte, als Der, dessen Geburt wir im Weihnachtsfeste, dessen Tod und Auferstehung wir im Osterfeste feiern, und an dessen Erdenwandel uns jeder Sonntag erinnert. Von zarter Kindheit auf haben wir von Jesus Christus gehört, keine Geschichte hat unsere kindliche Einbildungskraft mehr beschäftigt, als die von Christi wunderbarer Geburt, und keine hat unser Herz mehr ergriffen, als die von seinem Leiden und Sterben, und wenn wir Einen mit leiblichen Augen zu sehen wünschen, so ist dies gewiß Christus der Weltheiland. Das ist nun in diesem Leben nicht möglich, und so müssen wir uns an dem Anblick der bildlichen Darstellungen des Heilandes und seines Lebens genügen lassen, welche wir der Kunst des Malers und des Bildhauers verdanken. Wir wissen zwar, daß das Bild, welches wir sehen, nicht naturgetreu sein kann, weil der Maler ja Christum selbst auch nicht gesehen hat und bei den Begebenheiten, die er bildlich darstellt, nicht zugegen gewesen ist; aber wir vergessen das gern, ein gutes Bild macht doch einen ganz wunderbaren Eindruck auf uns, und der Anblick des Heilandes auch im Bilde erweckt in uns Empfindungen, die wir ohne dies wenigstens nicht so mächtig und deutlich in uns fühlen würden. Dies ist auch der Grund, weshalb man die Kirchen mit dem Bilde Christi und mit Darstellungen der größten Begebenheiten seines Erdenlebens schmückt, mögen sie gemalt oder vom Bildhauer in Holz oder Stein oder Erz gearbeitet sein. Aber Meisterwerke dieser Art sind theuer, und nicht jede Kirche kann sich ein solches verschaffen, die meisten müssen sich mit sehr unvollkommenen Bildwerken begnügen; doch auch diese unvollkommenen Bildwerke, die dem, der Besseres gewohnt ist, unschön erscheinen, mag der Kirchengänger nicht entbehren; sie erinnern doch an etwas, sie befriedigen, wenn auch nur nothdürftig, das Bedürfniß sinnlicher Anschauung, das nun einmal im Menschen vorhanden ist. Man muß nur die Freude und Andacht sehen, mit der nicht nur die Kinder, sondern auch die Erwachsenen zu Weihnachten im Erzgebirge die Krippen betrachten. Das sind in Holz geschnitzte Darstellungen der Geburtsgeschichte Christi, und manche sind wirklich kunstreich und sehr schön. Da steht man auf einem Berge die Stadt Bethlehem. Vorn ist ein Stall mit offnen Wänden, in dem man neben Oechslein und Eselein das Christkind in der Krippe und Maria und Joseph sieht. Auf der andern Seite hüten die Hirten ihre Schafe, über ihnen schweben Engel, welche die Geburt Christi verkündigen. Im Hintergrunde kommen auf einem Bergpfade die drei Weisen aus dem Morgenlande auf Rossen und Kamelen, von Dienern begleitet, heran und ziehen nach dem Sterne zu, der über dem Stalle strahlt. Das ganze Bildwerk hat oft einen bedeutenden Umfang, und wenn es in der Weihnachtszeit in den Familien, die eines solchen Besitzes sich rühmen, aufgebaut, jede Figur an ihren Platz gestellt und das Ganze durch ringsum angebrachte Lichter erleuchtet ist, so wird das Zimmer von Beschauern nicht leer, ja es kann oft kaum die Menge fassen, und wenn man einen gebirgischen Knaben fragen würde, was ihm am Weihnachten das Liebste sei, seine Geschenke oder die Anschauung der strahlenden Krippen, er würde wohl meist das Letztere nennen. Bei armen Leuten sind ja die Geschenke oft außerordentlich gering; aber auch der Knabe, der, wenn es hoch kommt, ein Schreibeheft und einige Aepfel zu erwarten hat, bebt mit Wonneschauern dem Weihnachtsfeste entgegen und ruft mit Entzücken: Ei, Weihnachten ist doch das schönste Fest! Der Hauptgrund einer solchen Weihnachtsfreude ist eben der, daß die Geschichte von der Geburt Christi, die so wunderbar schön ist, durch Alles, was er sieht und hört, durch den Lichterglanz, namentlich auch durch diese bildlichen Darstellungen in dem jungen Herzen so lebendig wird; es ist, mit einem Worte, die Macht der sinnlichen Anschauung über das Gemüth des Menschen, es ist die durch die sinnliche Anschauung erregte Einbildungskraft, was dem Weihnachtsfeste seinen Zauber gibt.

An manchen Orten, wie z. B. in Zwickau, noch

später in Kirchberg, war es noch bei Menschengedenken Sitte, daß in der Christmetten ein aus Holz geschnitztes Kind, dem man ein weißes Kleidchen anzog, in der Kirche aufgestellt wurde. Dieses sogenannte „Bornkinnel" bezeichnete den eigentlichen Mittelpunkt des Festes, das neugeborne Kind Jesus, und ich habe wohl sagen hören, daß es doch recht schön gewesen sei, als das Bornkinnel noch aufgestellt wurde. Was war nun aber das Schöne an dieser kleinen Holzfigur in ihrem weißen Hemdchen? Sie lenkte eben die Einbildungskraft hin auf den Gegenstand des Festes; das thut nun die Predigt auch, aber über die Meisten hat doch die sinnliche Anschauung noch eine ganz andere Macht als das gesprochene Wort.

Aber die Anschauung, die eine Holzfigur oder ein Gemälde gewährt, ist immer noch eine sehr mangelhafte. Die Gestalten, die man da sieht, können sich ja nicht bewegen und nicht sprechen, und gleichwohl sollen sie etwas verkündigen oder erzählen. Da hat man z. B. in manchen Gegenden des Erzgebirges zu Weihnachten wohl so ziemlich in jedem Hause einen Weihnachtsengel, der gewöhnlich im Fenster steht. Das ist eine weißgekleidete Puppe mit Flügeln. Der soll die Botschaft von der Geburt Christi verkündigen; wie ist das zu machen? Nun, man läßt ihn mit beiden Händen über seinem Kopfe einen Streifen halten, in welchem mit durchscheinenden, von dahinter angebrachten Lämpchen erleuchteten Buchstaben von buntem Papier die Worte stehen: Ehre sei Gott in der Höhe. Da weiß man sogleich, was dieser Engel zu bedeuten hat. Aber freilich noch schöner wäre es, wenn der Engel wirklich spräche, und nicht nur diese wenigen Worte, sondern die ganze Botschaft, wie sie die Hirten auf dem Felde hörten, und die ja auch für uns bestimmt ist; und das ließ sich machen, es brauchte ja nur ein Mensch den Engel darzustellen. Das geschah denn auch in der Kirche, wo früher bei der Metten ein als Engel gekleideter Knabe die Verkündigung sang. An anderen Orten sang ebenso ein Engel die Prophezeihung des Jesaias, und an noch andern Orten sang eine ganze Schaar von Engeln vom Chore aus mit vertheilten Worten das alte, halb lateinische, halb deutsche Weihnachtslied „Quem pastores laudavere."

Aber wie ein Mensch einen Engel darstellen konnte,

so konnten ja wohl Menschen auch Maria und Joseph und die Hirten und die drei Weisen aus dem Morgenlande und den König Herodes darstellen, und diese konnten ja die ganze Weihnachtsgeschichte so vor Augen führen, als ob man sie wirklich geschehen sähe. Wenn aber schon ein Bild oder eine aus Holzfiguren bestehende Krippe die Einbildungskraft so mächtig erregt, wie muß das erst wirken, wenn man die ganze Weihnachtsbegebenheit von Anfang bis Ende mit eignen Augen sieht, mit eignen Ohren hört; wie ganz anders muß sich das der Seele einprägen, als wenn man die Geschichte nur lies't oder erzählen hört. Und auf diesen Gedanken kam man sehr frühzeitig, so frühzeitig, daß wir gar nicht wissen, wann man zuerst die Geschichte von der Geburt Christi als Schauspiel aufführte. Und wie sich so durch lebende Personen die Geburt Christi darstellen ließ, so konnte man ja auch die Geschichte von Christi Tod und Auferstehung, ja das ganze Leben des Heilandes darstellen. So geschah es auch, man führte in alten Zeiten in der Kirche Schauspiele auf zur Erbauung und Erweckung der Gemüther; man nannte sie Mysterien. Aber es mochten wohl allerdings durch die im Mittelalter herrschende Rohheit und durch den Zudrang des Volkes Unzuträglichkeiten entstehen, denn es wurde schließlich die Aufführung in den Kirchen und die Theilnahme der Geistlichen an diesen Spielen untersagt. Nun bildeten sich an manchen Orten besondere Gesellschaften für die Aufführung dieser heiligen Spiele, die hie und da Privilegien erhielten; an andern Orten war es Gemeindeangelegenheit und man wählte aus der Gemeinde die zu Darstellern, welche Lust und Geschick dazu hatten, und durch das ganze Mittelalter hindurch wurden in Frankreich, England, Deutschland, Italien, Spanien zu den hohen Festen Mysterien aufgeführt, die oft sehr großartig waren.

Das hinderte aber nicht, daß auch in diesen heiligen Spielen vieles Possenhafte vorkam; denn sie waren für die große Masse des Volkes berechnet, und das wollte selbst im Osterspiele sich nicht blos erbauen, sondern auch „eine Lust" haben. In den Spielen, die noch vorhanden und gedruckt sind, kommen da manche Dinge vor, die uns sehr unpassend scheinen.

Wie man nun die Lebensgeschichte Jesu darstellte, so begann man nach und nach auch andere biblische Stoffe und die Lebensgeschichten der Heiligen aufzuführen, ja im Laufe der Zeit lösten sich diese Schauspiele immer mehr von der Kirche ab und behandelten auch weltliche Stoffe. Gleichzeitig, im 15. Jahrhundert, entstanden die sogenannten Fastnachtsspiele, welche ihrer Natur nach, da sie bestimmt waren zum Lachen zu reizen, nur noch zum kleinsten Theile ihre Stoffe aus der heiligen Schrift nahmen. Meist waren sie, wie es die Rohheit der Zeit mit sich brachte, sehr unanständig, aber nichtsdestoweniger sehr beliebt, wie wir aus der großen Zahl der Fastnachtsspiele, die uns von namhaften Dichtern überliefert sind, schließen können.

Nun kam die Zeit der Reformation. Das war die Zeit einer gewaltigen Regsamkeit der Geister, eines großen Umschwungs fast in jedem Gebiete des Lebens, und auch das Schauspiel blieb davon nicht unberührt. Luther selbst war ein großer Freund der Schauspiele und rühmte sehr „die guten, ernsten, tapfern Tragödien" und „die freien, lieblichen, gottseligen Comödien," die aus der heiligen Schrift gezogen werden. In der Reformationszeit traten nun auch so viele Schauspieldichter auf, wie vorher noch nie, und manche von ihnen benutzten die Schauspiele, um Luthers Lehre auszubreiten und die Irrlehren des Papstthums recht deutlich vor Augen zu stellen. Von ganz besonderm Einfluß auf eine Neugestaltung der Schauspiele war aber der Umstand, daß die Werke der griechischen und römischen Schriftsteller um diese Zeit in das Deutsche übersetzt und durch die nicht lang vorher erfundene Buchdruckerkunst allgemein bekannt wurden. In diesen griechischen und römischen Schriftstellern fand man erstens eine Menge von Geschichten, die sich als Schauspiele aufführen ließen, und da diese etwas Neues, die Geschichten aus der heiligen Schrift schon allbekannt waren, so warfen sich die Dichter mit Eifer auf diese neuen Schätze von schönen und lehrreichen Geschichten. Hans Sachs, der Nürnberger Schuhmacher, ein begeisterter Anhänger Luthers und der Reformation, hat 186 Schauspiele gedichtet, theils Fastnachtspossen, theils Comödien oder Lustspiele, theils Tragödien oder Trauerspiele, und diese waren zum großen Theile aus griechischen und lateinischen oder auch italienischen und deutschen Büchern geschöpft, obwohl er dabei die schönen und rührenden Geschichten der heiligen Schrift nicht außer Acht ließ. Zweitens waren unter den griechischen und lateinischen Büchern, die übersetzt und dadurch allbekannt wurden, auch Schauspiele, lustige und ernsthafte, und die waren viel schöner und kunstreicher, als Alles, was man in deutscher oder englischer oder französischer Sprache bisher gehabt hatte. Bei den Griechen waren diese Schauspiele gerade wie bei uns, nur 1600 Jahre früher, aus dem Gottesdienste hervorgegangen, und die größten Dichter hatten solche Schauspiele gedichtet, die an den Festen ihres Gottes Dionysos mit großer Pracht und Herrlichkeit in Theatern aufgeführt wurden, von denen manche an 30,000 Menschen fassen konnten; von den Griechen waren dann solche Schauspiele zu den Römern gekommen, und es standen auch bei diesen Dichter auf, welche die griechischen Schauspiele in lateinischer Sprache nachahmten.

Nun waren ferner in der Reformationszeit in den Ländern, die zu Luthers Lehre hielten, die Klöster aufgehoben und an ihrer Stelle Schulen gegründet worden. In diesen Schulen warf man sich mit dem größten Eifer auf die griechische und lateinische Sprache, und zwar fast im Uebermaaß, so daß man die deutsche Sprache gegen die hochgebildete griechische und lateinische schier verachtete. Man sprach auch auf den Gelehrtenschulen nur lateinisch, und wer nicht lateinisch verstand, der wurde für einen Menschen gehalten, der keine Bildung besäße. Damit die Schüler sich nun in der lateinischen Sprache recht vervollkommneten, ließ man sie in den Schulen die lateinischen Comödien spielen, und weil es den Schülern wenig Freude gemacht hätte, wenn Niemand zugesehen hätte, der sich freute, wenn sie ihre Sache recht hübsch machten, so wurden die Aeltern und Geschwister der Schüler und die Freunde der Schule dazu eingeladen. Diese verstanden nun aber wieder in der Mehrzahl die lateinische Sprache nicht, und so ergriff man das Auskunftsmittel und spielte dasselbe Stück noch einmal in deutscher Uebersetzung. Weil aber dieser lateinischen Stücke, die aus dem Alterthum auf uns gekommen sind, nicht viele waren und die wenigsten sich zur Aufführung auf einer Schule eigneten, weil ferner die heidnischen Stücke sich für eine christliche Schule nicht wohl schicken mochten, so dichteten begabte Männer nach dem Muster dieser lateinischen Comödien ebenfalls in lateinischer Sprache neue, die Geschichten aus der Bibel oder auch andere behandelten; diese wurden dann ebenso aufgeführt und auch wieder in das Deutsche übersetzt, und in deutscher Uebersetzung führten sie nun auch andere Leute außer der Schule auf; endlich machten es Andere noch klüger und dichteten die Stücke gleich deutsch, und weil der Dichter da frei war von den Fesseln, die die fremde Sprache ihm anlegte, bekamen diese gleich deutsch gedichteten Dramen einen ganz andern Schick und Schwung, und wenn sie nun auch in den Gelehrtenschulen seltener aufgeführt wurden, so gewannen sie desto mehr Beifall außer der Schule, denn die Gebildetern im Volke merkten es doch, daß die Schauspiele der Männer, welche bei den Griechen in die Schule gegangen waren, schöner waren, als die Tragödien und Comödien des Nürnberger Schuhmachers und vieler Andern. Damit soll aber nicht gesagt sein, daß die deutschen Dichter gleich ihre griechischen Vorbilder erreicht hätten. Bei den Engländern wurde ein Menschenalter nach der Reformation der größte Schauspieldichter geboren, den sie je gehabt haben; bei den Franzosen verging ein Jahrhundert, ehe die glänzende Zeit des aus der Nachahmung der Alten entstandenen Theaters anbrach; bei uns Deutschen mußten mehr als 200 Jahre vergehen, ehe Schiller und Göthe geboren wurden, die solche Meisterwerke für das Theater schufen, daß von nun an der Deutsche weder die Griechen noch die Engländer und am allerwenigsten die Franzosen beneiden durfte. Warum aber haben die Engländer das Ziel so bald erreicht, die Deutschen so spät? Das hat einen ganz einfachen Grund. England ist eine Insel und hatte meist Frieden, während Deutschland in Folge der Reformation von furchtbaren Religionskriegen zertreten wurde. Wir wollen nur an den dreißigjährigen Krieg denken; in dem ging jede Blüthe des deutschen Volksthums zu Grunde, fast ganz Deutschland wurde verödet und das Volk war ganz und gar verwildert; da war keine Stätte für die Pflege der Künste, und nur langsam heilten die ungeheuren Wunden, die damals Deutschland geschlagen worden Aber als sie geheilt waren, begann der Deutsche auch in Kunst und Wissenschaft sich wieder zu regen, und nach und nach gelang es ihm, die Völker, die ihm voraus waren, in diesen Gebieten nicht nur wieder einzuholen, sondern sogar zu übertreffen.

So haben wir denn gesehen, wie das Schauspiel ursprünglich aus der Kirche hervorging, wie es sich von ihr allmählich mehr und mehr trennte, wie es dann umgestaltet wurde durch den Einfluß der Griechen und Römer, und wie es sich nun immer weiter entwickelte bis zu dem, was es jetzt ist. Daß es jetzt ganz von der Kirche sich frei gemacht hat, so sehr, daß es uns sogar befremdlich vorkommen würde, wenn religiöse Geschichten auf dem Theater vorgestellt werden sollten, das wissen wir Alle; das Schauspiel ist jetzt ganz und gar weltlich geworden.

Durch das weltliche Schauspiel, dem die ersten Geister unseres Volkes ihre höchsten Kräfte weihten, für das in den großen Städten prächtige Theater gebaut, für dessen Darstellung besondere Schauspieler angestellt wurden, die gar nichts weiter zu thun haben, als darauf zu sinnen, wie sie ihre Rollen recht vollkommen darstellen wollen, ist das geistliche Schauspiel ganz in den Hintergrund gedrängt worden; kein Mensch, wenigstens in den größeren Städten, kümmerte sich mehr darum und Niemand sprach davon. Aber dennoch bestand es nebenbei noch immer fort, wenn auch nur in verborgenen Winkeln des deutschen Vaterlandes, nicht gepflegt von gelehrten Dichtern, nicht aufgeführt von kunstgeübten Schauspielern. Im dreißigjährigen Kriege schienen, wie alle Schauspiele, so auch die geistlichen Weihnachts= und Osterspiele ganz zu Grunde gegangen zu sein; in der darauf folgenden Zeit kamen die weltlichen Schauspiele allmählich wieder in Aufnahme, das geistliche Schauspiel aber, vernachlässigt und vergessen, fand keinen Boden mehr, nur die Gelehrten wußten noch, daß es einmal geistliche Schauspiele gegeben hatte. Aber in manchen Gegenden Deutschlands wußte das Volk mehr als die Gelehrten, es wußte, daß es solche Schauspiele noch gab, es führte sie ja selber auf und erbaute und erfreute sich daran, wenn auch in den Zeitungen nicht von ihnen geschrieben wurde.

Gerade in der Zeit des dreißigjährigen Krieges fand das geistliche Schauspiel in einer entlegenen Gebirgsgegend einen Boden, in dem es Anfangs unbeachtet gedieh und zwei Jahrhunderte lang fortwuchs, bis es in den letzten Jahrzehnten bekannt wurde und die Aufmerksamkeit von ganz Deutschland erregte. Im Dorfe Oberammergau in Baiern am Nordfuße der Alpen brach im Jahre 1633 eine bösartige Seuche aus, und die Oberammergauer thaten, um dieses Strafgericht abzuwenden, das Gelübde, alle zehn Jahre zur Beförderung der Gottesfurcht in der Gemeinde das Leiden und Sterben des Heilandes aufzuführen. Die Seuche hörte auf, und 1634 lösten die Oberammergauer ihr Gelübde zum ersten Male; die Benedictinermönche im benachbarten Kloster Ettal verfaßten für sie das Stück und unterstützten sie mit Rath und That. Von nun an wurde alle zehn Jahre, wie sie gelobt hatten, das Passionsschauspiel aufgeführt, und das ging beinahe 200 Jahre so fort. Als aber im Anfange unsers Jahrhunderts am Hofe Max Josephs von Baiern der französische Einfluß mächtig war, als der Minister Montgelas (sprich) Mongschela) Baiern nach Napoleons Beispiel einrichtete und alles mit den neuen Ideen der Aufklärung in Widerspruch Stehende beseitigte, als die Verfassungen der einzelnen Herzogthümer, die Freiheit der Reichsstädte, die Vorrechte des Adels abgeschafft, die Bisthümer eingezogen und an 200 Klöster, darunter auch das Benedictinerstift Ettal, unter welches Oberammergau gehörte, aufgehoben wurden, da schien auch die letzte Stunde des Oberammergauer Passionsspieles geschlagen zu haben. Noch 1806 mußten die Oberammergauer einem hier liegenden französischen Corps eine Extravorstellung geben; als sie aber im eigentlichen Spieljahre 1810, wie herkömmlich, die Erlaubniß zum Spiele nachsuchten, wurde diese rundweg abgeschlagen. Die Gemeinde gerieth darüber in die größte Bestürzung und schickte eine Deputation nach München zum geistlichen Rathe; aber diese bekam keinen günstigern Bescheid, man sagte, sie sollten sich von ihrem Pfarrer das Leiden Christi predigen lassen, das wäre besser, als wenn sie den Herrgott auf ihrem Theater herumschleppten. Dagegen stellten die Oberammergauer vor, „daß jede schöne und rührende Geschichte ja eindringlicher wirke, wenn man sie leibhaftig vor sich geschehen sähe, daß ihre Passionsaufführung sich immer als ein heilsames Mittel bewährt hätte, das Leiden und Sterben des Erlösers ihnen selbst und ihren Zuschauern tiefer einzuprägen zur Heiligung ihres Lebens." Auch diese Vorstellung fruchtete nichts, und man bedrohte die Abgeordneten sogar mit Ausführung aus der Stadt, wenn sie nicht gutwillig gingen. Aber die Abgeordneten ließen sich dadurch noch nicht abschrecken, der alte Georg Lang, der der Wortführer der Deputation war, wagte es, zum König selbst zu gehen, und — die Erlaubniß wurde gegeben, unter der Bedingung jedoch, daß das Spiel den Anforderungen der Zeit gemäß umgearbeitet und alles Anstößige beseitigt würde. Nun war Freude in der Gemeinde. Die Umarbeitung des Passionsspiels besorgte ein ehemaliger Benedictiner des Klosters Ettal, Dr. Ottmar Weiß, der Pfarrer in der Nähe war, und in dieser neuen Gestalt wurde es 1811 wieder wie früher auf dem Kirchhofe des Dorfes aufgeführt. Aber nun kam das Oberammergauer Passionsspiel immer mehr in Ruf, bei den folgenden Aufführungen stieg die Theilnahme, der Zulauf von Nah und Fern immer mehr, und deshalb verlegte man 1830 den Schauplatz auf die Wiese des Dorfes, wo die Schaubühne unter freiem Himmel im Angesichte der bairischen Alpen erbaut wurde. Dadurch gewann das Spiel noch mehr, und 1840 und 1850 erhielt es eine — man könnte sagen — europäische Berühmtheit. Es wurden Bücher darüber geschrieben, zum Theil mit schönen Abbildungen; an 12 verschiedenen Tagen, meist Sonntagen, wurde immer vor einer Zuschauermenge von 5 — 6000 Menschen gespielt, ja bei einer Vorstellung im Juni 1850 war der Andrang so groß, daß man an 3000 Menschen zurückweisen und für diese am folgenden Tage eine besondere Aufführung veranstalten mußte. Das Eintrittsgeld berechnete man schon 1840 auf 24,000 Gulden, und in diesem Sommer, 1860, war trotz des ungünstigen Wetters der Andrang so groß, daß man, als kaum die Hälfte der 14 Vorstellungen vorüber war, schon 40—50,000 Gulden eingenommen hatte. Es soll in diesem Jahre auch Vieles noch schöner und besser geworden sein, als es früher war.

Das Geld wird theils zur Bestreitung der Kosten, theils zur Bezahlung der Gemeindeschulden, theils zur Erhaltung einer Zeichen- und Modellirschule verwendet, welche wieder auf die Blüthe des ganzen Dorfes einwirkt, dessen hauptsächlichster Gewerbzweig die Holzschnitzerei ist; der Rest wird an die Mitspielenden vertheilt, deren Zahl sehr groß ist, an 400 Personen jedes Alters und Geschlechts.

Man sollte doch meinen, daß eine Sache, die solchen Anklang findet, auch einen Werth haben muß; und in der That haben Augenzeugen, denen man ein Urtheil zutrauen darf, bei manchem Tadel des Unvollkommenen doch auch das Zeugniß abgelegt, daß sie von dieser Darstellung des Leidens und Sterbens Christi sich erbaut und tief ergriffen gefühlt haben. Aber dieses Oberammergauer Passions-schauspiel hat auch in seiner Art etwas sehr Großartiges; schon die Bühne ist ganz anders als in unsern Theatern und eigens nur für dieses Schauspiel berechnet; vorne ein sehr großer Raum für die im Stücke mit spielenden Volks-massen, hinten in der Mitte eine kleine Bühne mit einem Vorhang, zu beiden Seiten derselben die Häuser des Kai-phas und Pilatus mit Balconen, auf denen auch einzelne Scenen gespielt werden, wieder zu beiden Seiten blickt man hinein in zwei Straßen der Stadt Jerusalem. Auf diesem Schauplatze wird in acht Stunden langem Spiele die ganze Leidensgeschichte Christi vom Einzug in Jerusalem bis zur Auferstehung dargestellt, sogar die Kreuzigung sieht man mit eigenen Augen.

Was hat nun dem Oberammergauer Spiele solchen Ruf verschafft, daß es mehr Aufsehen erregt, als die geist-lichen Schauspiele in der glänzendsten Zeit des Mittelal-ters? Noch im vorigen Jahrhundert waren solche Passions-schauspiele in den deutschen Gebirgsländern, in der Schweiz, Tyrol, Steiermark, Salzburg, Oberbaiern und Schwaben sehr verbreitet, aber sie wurden überall verboten, und mit gutem Rechte, und wo sie in den Jahren 1848 und 1849, wie in Tyrol, oder wie 1852 in Liesing in Kärnthen ver-suchsweise wieder aufgeführt wurden, fanden sie doch keinen rechten Anklang mehr. Das kam daher, daß diese Auffüh-rungen in den Händen von Leuten waren, die nichts davon verstanden, die nicht die Fähigkeit hatten, die alten ver-dorbenen und für unsere Zeit nicht mehr passenden Stücke umzuarbeiten und so zu gestalten, daß es möglich war sich an ihnen zu erbauen, und was noch schlimmer, in den Händen von Leuten, die aus diesen Aufführungen ein Gewerbe machten und damit Geld verdienen wollten; so bienten biefe Aufführungen nur bazu, das Heilige in den Staub zu ziehen und lächerlich zu machen. In Oberammergau dagegen hatten von allem Anfange an sich Leute der Sache angenommen, die das Zeug dazu hatten, und wenn das alte Stück, das bis 1806 gespielt wurde, auch durchaus nicht musterhaft war, so war es doch der Bildungsstufe der Leute angemessen, die Aufführung war eine würdige, und deshalb konnten es die Oberammergauer durchsetzen, daß sie die Passion wieder aufführen durften, und auch jetzt nahmen sich der Sache wieder Leute an, die das Stück in würdiger Weise umzugestalten und durchzuführen verstanden, und die Gemeinde vermochte es mit Andacht und Begeisterung zu spielen. Weil diese günstigen Umstände aber nur hier in Oberammergau zusammenwirkten, so konnte sich eben auch nur hier das Stück halten, und wenn es den Oberammergauern nie an einem Manne fehlt, der dichterische Begabung hat und es versteht, das Unschöne und Unvollkommene immer mehr zu beseitigen, das Schauspiel immer mehr zu vervollkommnen, so wird es auch noch eine Zukunft haben.

Gerade die Passion aufzuführen, ist ein beinahe verwegenes Beginnen; wenn nicht die Darstellung dieser heiligsten aller Begebenheiten mit zarter Hand und mit religiöser Begeisterung angegriffen wird, wenn nicht hoher Ernst die Darstellenden sowohl als die Zuschauer erfüllt, wenn nicht die möglichste Vollkommenheit der Dichtung und eine gewisse Großartigkeit der Ausführung alles Lächerliche und Störende fernhält, so kann eine solche Darstellung nur verletzend statt erbauend wirken. Deshalb wird, wo nicht die Umstände ganz besonders günstig sind, gerade die Passionsgeschichte dem Volke, z. B. schlichten Dorfbewohnern, zu groß, zu hoch, zu schwer sein. Und so finden wir auch, daß das Volk sich viel seltener an diesen hehren Stoff gewagt hat, als an die Geschichte von der Geburt Christi, die eine einfachere Behandlung nicht nur gestattet, sondern sogar verlangt. Hier genügen wenige Personen, hier wird keine großartige, sondern nur eine gemüthliche Darstellung verlangt; wie das Weihnachtsfest selbst vorwiegend ein Familienfest ist, so stehen auch Joseph und Maria mit dem Neugebornen dem Vater, der Mutter, dem Kinde vertraulich nahe; sie sind ja recht eigentlich ein Vorbild jeder christlichen Familie; die Hirten, welche die Kunde von der Geburt Christi erhalten und ihm die erste Huldigung bringen, sind Vorbilder des Weihnacht feiernden Volkes selber, und deshalb wird das Weihnachtsspiel selbst bei unvollkommener Darstellung seine Wirkung selten verfehlen, es versinnlicht die Geburtsgeschichte Christi doch mindestens mehr als hölzerne oder gemalte Figuren oder das blos gesprochene Wort. Schon in alten Zeiten war das Weihnachtsspiel gewiß sehr allgemein verbreitet, wenn auch die Chroniken, die nur das Wichtige und Großartige berichten, wenig davon sagen, und wie im Schlosse zu Berlin zu Neujahr 1589 die Kinder des Kurfürsten ein uns noch erhaltenes Weihnachtsspiel aufführten, so mochte wohl an wenig Orten diese Art der Vor- oder Nachfeier des Weihnachtsfestes unterbleiben, was schon der Umstand beweist, daß so viele Dichter uns noch erhaltene Weihnachtsspiele verfaßten. Eine Art von Weihnachtsspiel waren schon die Umzüge der heiligen drei Könige mit ihrem Stern zum Hohenneujahr, die ehemals außerordentlich volksthümlich waren. Es haben aber auch wirkliche Weihnachtsspiele bis in unsere Zeit im Volke fortgelebt; Weinhold, Professor in Graz, hat solche aus Süddeutschland und Schlesien, Professor Schröer in Preßburg aus den deutschen Gegenden Ungarns, Andere aus anderen Orten aus dem Munde der Spielenden und aus noch vorhandenen Niederschriften mitgetheilt. Aber auch bei uns in Sachsen sind die Weihnachtsspiele noch nicht vergessen; ja, es ist noch nicht lange her, daß man noch in der Lausitz und in dem Dorfe Heinrichsort bei Zwickau selbst die Passion aufführte; in Heinrichsort und der Umgegend geschah dies noch 1821, die aus dreißig Personen bestehende Gesellschaft bekam aber im folgenden Jahre die nachgesuchte Erlaubniß nicht, und das war ganz recht, denn das Leiden und Sterben Jesu ist kein Gegenstand, den einfache Leute in einem mit eignen Kräften aus der heiligen Schrift zusammengestellten Schauspiele in den Sälen der Gasthöfe darstellen dürfen, selbst wenn sie den besten Willen haben.

Weihnachtsspiele gab es aber noch in den beiden ersten Jahrzehnten unsers Jahrhunderts im Erzgebirge und in dessen Nähe allenthalben, vorzüglich aber waren sie da heimisch, wo Bergbau getrieben wird, und Bergleute waren auch meist die Darsteller. Es gab zwei verschiedene Arten von Christspielen, die **Engelschaar** und die **Königschaar**. Eigentlich hießen so die Gesellschaften, welche sich gebildet hatten, um die Geburt Christi darzustellen, aber man bezeichnete die Spiele selbst auch mit diesem Namen. Die **Engelschaar** bildeten zwei Engel in weißen Kleidern, mit Flügeln und hohen goldpapiernen Kronen; dann der heilge Christ selbst, der hier seltsamer Weise in Mannesgestalt auftritt, während die Geschichte von seiner Geburt aufgeführt wird, der Bischof Martin und der heilige Nicolaus, statt dessen an andern Orten Petrus auftrat, welche ebenfalls in langen weißen Gewändern gingen und Kronen trugen, während Christus das Scepter, Martin eine Ruthe, Nicolaus einen grünen Zweig, Petrus einen großen gelben Schlüssel in der Hand hielt; ferner Joseph, Maria, der Wirth, zwei Hirten und der Knecht Ruprecht. Diese zogen von Haus zu Haus. Der heilige Christ fragte nach dem Fleiß und der Folgsamkeit der Kinder, Martin mußte sie im Katechismus examiniren und Gebete aufsagen lassen, Ruprecht schreckte die Ungehorsamen durch seine Drohungen, der heilge Christ aber beschenkte die Artigen; dann wurde die Geburt Christi im Stalle zu Bethlehem, die Verkündigung an die Hirten auf dem Felde und die Anbetung der Hirten im Stalle dargestellt und an passenden Stellen Weihnachtslieder gesungen; zuletzt verabschiedete Christus sich und die ganze Schaar mit einer Ermahnung an die Kinder.

Diese Art der Weihnachtsspiele ist wahrscheinlich die älteste. Als unsere Vorfahren noch Heiden waren, so glaubten sie, daß in den zwölf Nächten nach dem heidnischen Feste der Wintersonnenwende die Götter sichtbar auf Erden herumzögen, und viele der noch heute üblichen Weihnachtsgebräuche deuten noch auf diesen Glauben hin; selbst die zu Weihnachten und zum neuen Jahr in manchen Gegenden vorgeschriebenen Speisen sollen ursprünglich Opfermahlzeiten gewesen sein. Es ist leicht möglich, daß in dieser Zeit die heidnischen Priester als Götter verkleidet umherzogen, um das Volk oder wenigstens die Kinder in Ehrfurcht vor den Göttern zu erhalten. Als aber die Deutschen Christen wurden, behielt man die alte Sitte bei, nur traten an die Stelle der alten Götter Christus, Maria und andere heilige Personen; nur der Ruprecht, dessen Name „der Ruhmesprächtige" bedeutet und der eigentlich der Gott Thor der alten Deutschen gewesen sein soll, der Gott des Donners, blieb noch bei der Schaar, aber nicht als Gott, sondern als schreckende Knechtsgestalt, wie wir ja wissen, daß die Geistlichen, da sie die Furcht vor den alten Göttern nicht ausrotten konnten, sie wenigstens als böse und finstere Mächte darstellten. Bemerkenswerth ist auch der Umstand, daß die Engelschaar, wie die Leute sich ausdrücken, „das Recht zu gehen," d. h. herumzuziehen, vom ersten Advent bis zum Neujahr oder Hohenneujahr hatte; vom Hohenneujahr bis zur Lichtmeß hielt dann die Königschaar ihre Umzüge. Diese bestand aus zwei Engeln, Joseph, Maria, dem Wirth, zwei oder drei Hirten, den drei Weisen oder Königen aus dem Morgenlande, Herodes, seinem Diener und einem Schriftgelehrten und führte die ganze Geschichte von der Geburt Christi bis zum Kindermord in Bethlehem auf, und zwar in der Regel nicht von Haus zu Haus ziehend, sondern in einem größern Zimmer oder Saal, wo die Zuschauer sich vorher versammelt hatten. An einigen Orten kennt man die Engelschaar gar nicht, man nennt dann die Spieler auch nicht die Königschaar, sondern „die Heiligenchristspieler." Ein solches Heilgechristspiel bestand wenigstens noch in den dreißiger Jahren dieses Jahrhunderts sowohl in dem Städtchen Ernstthal bei Hohenstein als auch in dem unfern davon gelegenen Dorfe Gersdorf; ich habe aber nur das Ernstthaler Stück erlangen können. Die Spieler führten in Ernstthal und Umgegend ihr Spiel ohne alle weitere Vorrichtung in irgend einem Saale oder größeren Zimmer auf, dessen Besitzer sie dazu eingeladen hatte. Das Stück selbst liegt sehr im Argen, es scheint aus den verschiedensten Bestandtheilen sonderbar zusammengeflickt; aufgeschrieben ist es wahrscheinlich nie gewesen und hat sich nur von Mund zu Mund fortgepflanzt, daher die große Verderbniß. Merkwürdig ist aber, daß es in einigen Stellen wörtlich mit einem noch viel mehr verstümmelten Dreikönigsspiele übereinstimmt, welches von herumziehenden Knaben in Reichenbach in Schlesien aufgeführt wird; selbst der Diener des Herodes heißt hier wie dort Laban. Ich will von diesem Stück nur den Anfang mittheilen.

Wenn die Zuschauer versammelt und die Spieler angekleidet sind, singen diese in der Hausflur den Liedvers „Hosiannah, Davids Sohn kommt in Zion eingezogen." Dann geht der Schriftgelehrte in das Zimmer und spricht:

„Geliebte in dem Herrn!

Wir treten hier ein ohn' allen Spott.
Einen schönen guten Abend, den geb' Euch Gott,
Einen schönen guten Abend, eine fröhliche Zeit,
Die Sie und Ihre Kinder erfreut.

Geliebte in dem Herrn! Wir sind heute hier versammelt, den großen Gedächtnißtag unsers Erlösers mit unsern Mitchristen feierlich zu begehen und denselben, wie sich's bei Christi Geburt hat zugetragen, deutlich ans Herz zu legen und vor Augen zu stellen. Denn es ist ein Tag, den der Herr gemacht, sein Lob in alle Welt gebracht. Deß laßt uns freun und fröhlich sein und Gott die Ehre geben. Ja

Wie groß ist dieser Freudentag,
Daran man sich versammeln mag,
Zu loben unsern Gott allein,
Der jetzt sein Volk läßt fröhlich sein.
Uns Menschen aber sei bewußt
Die wundersüße Weihnachtslust.
Wir fangen an mit frischem Muth,
Euer Jesulein, das höchste Gut."

Dann singt der Chor wieder den Liedvers: „Wachet auf, ruft uns die Stimme 2c.," und nun treten die drei Schäfer auf. In dem Stücke herrscht die größte Verwirrung, und ich breche deshalb ab, da uns andere Stücke einen bessern Einblick in diese Spiele geben.

Gehen wir von Ernstthal ostwärts, so treffen wir wieder in der Stadt Zschopau eine noch lebende Erinnerung an das Weihnachtsspiel. Da war es von alten Zeiten her Sitte, daß die Currendschüler um die Weihnachtszeit die „Ankunft Jesu" aufführten. Die alte Handschrift des Stückes war in einer Familie Wagner vor-

2

handen, und da ein Sohn dieser Familie 1819 Currend=
schüler war, so wurde in diesem Jahre das Stück wieder
aufgeführt. Der damalige Pastor Kindermann interessirte
sich dafür und dichtete selbst einen Prolog dazu, in dem
es am Ende heißt:

 Schon längst, vor unsrer Väter Zeiten,
 War hier in Zschopau der Gebrauch,
 Daß Kinder, doch Sie wissen's auch,
 Zwar nicht mit Scherz und Ueppigkeiten,
 Nein, nein, mit Ernst und mit Gefühl,
 Wenn gleich in einem alten Styl,
 Die Ankunft Jesu zubereit'ten,
 Dadurch den edeln Zweck erreichten,
 Daß Jeder, der zugegen war,
 Voll Andacht und Empfindung war.
 Heut wollen wir auf gleiche Art
 Den Heiland als ein Kindlein zart
 Nebst der Geschichte wohl betrachten.
 Ich bitte, uns nicht zu verachten,
 Vielmehr uns Ruhe zu verleih'n,
 Und, wie sich's ziemet, still zu sein.

Dieses Spiel ist wohl geordnet und verständlich und
wurde auch mit etwas mehr Zurüstung aufgeführt. Es
wurde in geeigneten geräumigen Localen dargestellt, zwei
spanische Wände bildeten zugleich den Vorhang und die
Coulissen zu einer Art einfachsten Theaters; bei den
Stellen des Stückes, wo sich der Stern am Himmel
zeigen sollte, wurde ein mit einer Vorrichtung zum Drehen
an einer Stange befestigter Stern über die spanische Wand
emporgehalten; die Erscheinung des Engels wurde durch
Colofoniumblitze wirkungsvoller gemacht.

Das Stück beginnt in der Herberge zu Bethlehem, wo
der Wirth in Verlegenheit ist, wie er seine Gäste unter=
bringen soll. Er spricht:

 Ich weiß nicht, wie es werden soll,
 Die Stuben sind nun alle voll,
 Und kommen dennoch stündlich Leute.
 Der Kaiser schreibt die Schatzung aus,
 Und dieses geht von Haus zu Haus;
 Ich weiß nicht, wo ich Raum bereite.

Knecht:

Herr Wirth, es ist hier noch ein Mann
Mit einem jungen zarten Weibe
Und redet Ihn um Herberg an.

Wirth:

Fast weiß ich nicht mehr, wo ich bleibe.
Geh hin und weis' sie diesmal weg,
Ich kann sie heute nicht behalten,

(Der Knecht geht ab.)

Und wenn ich über'n Stall sie steck',
Da möchten sie vielleicht erkalten.

Der Knecht kommt wieder und spricht:

Die Leute hören gar nicht auf
Zu bitten, höre doch ihr Fleh'n.

Wirth.

Weis' ich sie auf den Boden 'nauf,
Das lässet nicht, es will nicht geh'n.
Geh', bring' sie Beide zu mir her,
Ich muß mit ihnen selber reden.

(Der Knecht geht ab.)

— — Kein Sinnen hilft nun da nicht mehr,
Da kommen sie schon angetreten.

(Joseph und Maria kommen.)

Joseph:

Herr Wirth, o laß Er sich bewegen,
Und nehm' Er uns in's Haus herein;
Was könnt' Ihm das für Freude sein,
Wenn wir auf freier Straße lägen?

Maria:

Kann Ihn ein armes Weib bewegen,
So laß' Er uns nicht wieder gehn,
Und sollten wir in'n Stall uns legen,
Es soll mit Freuden gern gescheh'n.

Wirth:

I nun, so geht in jenen Stall,
Wo sonsten Ochs und Esel stehn.

2*

Maria:

O angenehmer Freudenstall!
Komm, Joseph, komm, wir wollen gehn.

Joseph:

Herr Wirth, es soll Ihn nicht gereu'n,
Daß Er uns Beide aufgenommen;
Gewiß, wir wollen ehrlich sein,
Er soll die Zahlung gut bekommen.

Sie gehen ab, und damit schließt der erste von den fünf Acten, in die das Stück abgetheilt ist. Im zweiten Act treten die Hirten auf und empfangen die Verkündigung des Engels, im dritten erscheinen die drei Weisen und unterreden sich mit Herodes, im vierten huldigen erst die Hirten, dann die drei Weisen dem Neugebornen im Stalle zu Bethlehem, im fünften gibt Herodes den Befehl zum Kindermord, der Engel fordert Joseph zur Flucht nach Aegypten auf, und zum Schluß treten noch einmal die drei Weisen und die drei Schäfer auf. Der erste Schäfer spricht:

Habt Ihr das Kindlein auch gesehn?

Der erste Weise:

Ich sah es in der Krippe schön.
Es war so hold, so zart und mild,
Von lauter Sanftmuth angefüllt.

Der zweite Weise:

Sein' Wangen glänzten voller Huld,
Voll Liebe, Sanftmuth und Geduld.

Der zweite Schäfer:

So wollen wir von hinnen scheiden,
Des großen Gottes Ruhm ausbreiten.

Und nun fängt der erste Schäfer an zu singen und die Andern stimmen ein:

Heut schleußt er wieder auf die Thür
Zum schönen Paradeis;
Der Cherub steht nicht mehr dafür,
Gott sei Lob, Ehr' und Preis.

Dieses Stück ist gerade kein dichterisches Meisterwerk, aber es ist klar und anschaulich und mit Verstand gemacht. Die Gesänge sind hier sparsamer, nur zwischen den einzelnen Acten und Auftritten, sowie zu Anfang und zum Schluß wird je ein Liedvers gesungen. Die Aufführung fand 1819 in Zschopau viel Beifall, die Kinder nahmen an 400 Thaler ein, die nach Abzug der Kosten der Armenkasse zu gut kamen; aber dennoch wurde die Wiederholung verboten, wie man mir erzählte, in Folge einer Verdrießlichkeit, die eben der dafür sich interessirende Pastor hatte, als er der Aufführung beiwohnen wollte und vom Besitzer des Hauses nicht eingelassen wurde; der Mann aber, in dessen Besitz heute noch das Stück ist, sagte mit wahrer Begeisterung: „Das war damals doch noch ein Weihnachten!"

Gehen wir dann von Zschopau südwärts nach Annaberg, so kommen wir in das eigentliche Gebirge und damit zugleich so recht in die Mitte der Weihnachtsspiele hinein. In Annaberg selbst war früher auch eine Gesellschaft, und es lebt noch ein Mann, der Herodes Diener gespielt hat; meist aber waren es Gesellschaften aus den umliegenden Orten, die in der Stadt ihre Christspiele aufführten, und oft trafen in der Stadt zwei oder gar drei Engel- oder Königschaaren zusammen, was bisweilen zu Unordnungen Anlaß gab. In der Umgegend von Annaberg gibt es fast keinen Ort, der nicht früher seine Engel- oder Königschaar oder beide zugleich hatte.

Von Annaberg nur durch ein enges, aber tiefes Thal getrennt, zieht sich an einem ziemlich steilen Berge weit hinauf das Dorf Frohnau. Hier gab es früher eine Engel- und eine Königschaar, die Spieler waren meist dieselben; die Engelschaar ist aber früher außer Gebrauch gekommen, und es gibt nur noch wenige alte Leute, welche mitgespielt haben; die Königschaar aber besteht noch, und noch vor drei Jahren (Weihnacht 1857) gaben sich die Frohnauer viel Mühe, die Erlaubniß zur Aufführung zu erhalten; sie konnten aber nichts erreichen als die Erlaubniß, im Zimmer Gustav Weldauers, der an der Spitze stand, das Spiel aufzuführen, woran ihnen aber wenig gelegen war.

Dieselben Stücke treffen wir in Wiesa wieder, einem stattlichen, gewerbthätigen Dorfe, von der klaren und

schnellströmenden Zschopau durchflossen, wo vor etwa 40 Jahren nach dem Vorbilde der Frohnauer eine Engelschaar und später eine Königschaar sich bildete, welche letztere etwa 1838 zum letzten Male spielte. In Hermanns=
dorf bestand nur eine Engelschaar, die vor länger als 40 Jahren zum letzten Mal ihr Weihnachtsspiel aufgeführt hat. Dennoch fand ich auch hier noch einen alten hübschen Mann, den ehemaligen Bergmann, jetzigen Gutsbesitzer Seidenglanz, der das Stück noch Wort für Wort aus=
wendig wußte und mir in größter Lebendigkeit die Auf=
führung schilderte.

Diese Engelschaar, wie man sie in Hermannsdorf, Frohnau und Wiesa spielte, will ich nun ganz mittheilen, um dem Leser ein möglichst deutliches Bild von diesen Christspielen zu geben, zumal diese Engelschaar eines von den besten Stücken ist, die ich gefunden habe.

Wenn die Engelschaar an ein Haus kam, in dem sie spielen wollte, ging erst einer der beiden Hirten hinein und sprach:

> Einen schönen guten Abend, das geb' Euch Gott!
> Ich bin ein ausgesandter Bot',
> Ich zeig' Euch an zu dieser Frist,
> Daß jetzt wird kommen der heil'ge Christ.
> Eine schöne gute Nacht!

Damit ging er wieder zur Thür hinaus, und die Kinder waren in gespannter Erwartung der Dinge, die da kommen sollten. Jetzt öffnet sich die Thür wieder, zwei Engel treten ein in weißen, mit grünen und rothen Bändern geschmückten Gewändern und mit grünen Flü=
geln; auf dem Haupte tragen sie sehr hohe Kronen von Pappe, mit Goldpapier überzogen, in welchen von buntem, durchscheinendem Papier Sterne und Engelsgestalten ange=
bracht sind, die durch ein im Innern der Krone bren=
nendes Licht erleuchtet werden. Der große Engel trägt einen grünen Zweig, der kleine einen Stern, nämlich eine runde Laterne von buntem Papier mit einem darin ange=
brachten Licht auf einer Stange. Auf der Schwelle knieen die Engel nieder und singen die beiden ersten Verse des Liedes: „Vom Himmel hoch da komm ich her." Dann

treten die beiden Engel langsam schreitend in das Zimmer.
Der große Engel mit dem grünen Zweig spricht:

Einen schönen guten Abend, ihr Kinderlein!
Der heil'ge Christ läßt Euch grüßen.
Was Euch zu thun befohlen ist,
Wird allzeit sein beflissen.
Indem er fähret auf in seinem Paradeis
Und angestellet hat auf Erden seine Reis'.
Heut ist der Tag, da er läßt seine Schellen klingen,
  (Ruprecht läßt in der Hausflur seine Schellen klingen.)
Er wird Euch viel Geschenk' und Gaben mit sich bringen;
Wenn Ihr's zufrieden seid, so führ' ich ihn herein,
Doch dürft Ihr aber nicht zu sehr erschrocken sein.
Denn wer sein fromm gewesen ist,
Den wird er freundlich loben.
Komm immer, komm herein, Du heilger Christ von Oben.

Und nun tritt durch die offne Thür die ganze Engelschaar herein. Voran der heil'ge Christ in langem weißen Gewande, mit rother Schärpe, einer hohen Krone, aus deren Innerm Licht hervorstrahlt, und dem Scepter; dann der Bischof Martin, hier Merz genannt, und der heilige Nicolaus, beide ebenso gekleidet und gekrönt, nur daß Martin eine Ruthe, Nicolaus einen grünen Zweig statt des Scepters trägt; dann Joseph und Maria, Ersterer in gewöhnlicher Kleidung, mit Jacke, Lederschurz, breitem Hut, Zimmermannsart und Laterne, Letztere mit Mantel und weißem Schleiertuch bekleidet, auf dem hinten am Kopfe eine kleine Krone befestigt ist; im Arme trägt sie eine kleine Wiege; dann folgt der Wirth, gekleidet in einen schwarzen Halbrock mit Goldpapierbesatz und Goldpapieraufschlägen, mit weißer Fleischerschürze, Bonapartehut mit grüner Cocarde, Stock mit seidnem Band, Gurt mit Fleischermesser; nach diesem kommen die beiden Hirten in weißen Jacken und Beinkleidern, mit grünem Band besetzt; auf dem Kopfe spitze grüne Schäferhüte, mit Blumen geschmückt; in der Hand tragen sie den alterthümlichen Schäferstab, der oben in Form eines Löffels ausgeschnitzt ist; am Arme haben sie große zusammengerollte Peitschen, an der Seite ein Kuhhorn; den Schluß bilden endlich zwei ungeheuerliche Gestalten in umgewen-

deten Pelzen und Strohmützen, mit geschwärzten Gesichtern
und mit vielen Schellen behangen, die wir vorhin schon
in der Hausflur während der Rede des Engels haben
klingen hören.

Diese zwölf Gestalten stellen sich nun im Zimmer in
einem Halbkreise auf. Der heil'ge Christ wendet sich
zuerst an die Kinder:

Wohlan, ihr Kinderlein, wie habt Ihr euch verhalten?
Habt Ihr auch respectirt die Lehrer und die Alten?
Die Aeltern auch geliebt, mit Willen nie betrübt,
Was sie befohlen Euch, und sie erzürnet nicht?
Erschrecket nicht vor mir und meiner Majestät!
Examinire Du, Martin, an meiner Statt.

Martin:

Ach Herr, wie soll ich denn vor Dir examiniren?
Du weißt ja selbst, wie oft die Engel Klage führen,
Daß man allhier unter dem zehnten Kind
In manchem Haus ja nicht ein frommes find't.
Der Muthwill ist zu groß, die Bosheit nicht zu sagen,
Indem ja in der Schul auch ihre Lehrer klagen,
Indem sie auch zu Haus gar selten fromme sein,
Wie ich hab' itzt gehört von diesem Engelein.

Der heil'ge Christ:

Ei, ei, das ist nicht fein, daß ich jetzt Klag' muß hören!
Ich dürfte mich hinfort von Euch gen Himmel kehren.
Mich reuet's jetzt, daß wir in dieser kalten Nacht
Bis her an diesen Ort uns haben aufgemacht.
Drum, Niklaus, sag's dem Knecht, wir woll'n von hinnen fahren
Und wollen unsre Schätz' auf fromme Kinder sparen.

Nicolaus:

Ach lieber heil'ger Christ, sehr groß von Gütigkeit,
Schau und bedenke doch die alte Freundlichkeit.
Du wirst doch nicht so schnell mit uns von hinnen eilen,
Sondern ihnen zuvor mit Deiner Gabe theilen.
Es möchten doch noch etliche unter diesen Kindlein sein,
Die nicht so muthwillig möchten gewesen sein,
Wie jetzt vermeldet ist; ich schau Dir's vom Angesicht,
Daß Dir aus Lieb, Herr Christ, das Herze bricht.

Der heil'ge Chrift:

Ja freilich bricht es mir, ich bin ja Mensch geboren
Und war ein kleines Kind, drum sind sie mir erkoren.
Bei meiner kleinen Heerd'; Ihr Kinder, weinet nicht,
Ich bin Euch allen hold, mein Zorn ist schon geschlicht't.
Drum, Martin, fang Du an und laß die Kinder sagen
Weihnachtsgebetelein und Katechismusfragen.

Nun läßt Martin die Kinder beten, darauf fährt der heil'ge Christ fort:

Ihr Kinder aber sollt sein fromm und züchtig beten,
Wenn Ihr werd't in der Schul' zum Katechismus treten.
Schämt Euch der Arbeit nicht, red't auch kein schnippisch Wort,
In Schulen sitzt fein still und bleibt an Eurem Ort.
Wenn Ihr werd't fahren fort mit Beten, Lesen, Singen,
So will ich Silber Euch, Gold, Schmuck und Perlen bringen.
Hinfort nun aber sollt Ihr thun, wie sich's gebührt.
Trotz sei zu dem gesagt, wer meinen Scepter rührt.

Während dieser Rede hat der heil'ge Christ an die Kinder kleine Geschenke ausgetheilt. Nun bricht aber der große Ruprecht in seiner ungeschlachten Art los:

Hopp hopp, Gotts Perlemann, Gotts Schwefel und Pech!
Gleich wie sich Mausdreck unter'n Pfeffer mischt,
So bin ich a unter den heil'gen Christ.
Ich that emol vorüberga,
Da hört ich e weiß Wunner da,
Das Geschrei war in diesen Haus su sehr,
Als wenn die Stub voll klaner klaner Kinner Kinner wär.

Der kleine Engel:

Hans, pack Dich alsobald mit Deinem groben Trutzen,
Sonst will ich Dir den Kopf mit Feuerschlägen putzen.
Geh hin, examinir' die Andern in dem Haus,
Wer Dir nicht folgen will, den jag' und schlage 'naus.

Der große Ruprecht:

Hopphopp, du klaner Schnipper Du,
Kannst Du dei Maul net halten zu?
Ich hob gedacht, ich will meinen langen, langen Sack vollfüllen,
Doch muß ich thun nach Deinen Willen.

Doch geh ich net leer aus diesen Haus,
Ich will jagen schlagen Alles 'naus,
Will Knecht und Mägde examinir'n
Und will sie auf die Dauer, Dauer vexirn.

Der heil'ge Christ:

Komm, Ruprecht, sage an, wie verhalten sich Knechte und Mägde allhier in diesem Haus?

Der große Ruprecht:

Ach Herr, sie trachten spät und früh,
Was sie kriegen für ihre Müh;
Drum so sei es mein gedenk,
Gib ihnen zum Heilgenchristgeschenk
Prügelsuppen und Maulschellen,
Ziegenspeck und Pferkorallen.

Der kleine Ruprecht:

Ei, so muß ich mei Maul a drinne hobn,
Sonst fressen mein Ranzen die Grillen und die Schwob'n.
Heut is gewesen ene kalte Nacht,
Kälter hätt' ich's net gedacht,
Ich kunnt vor Kält bald nimmer stahn,
Ich mußt e bissel af mein Feld rumgahn.

Der große Ruprecht:

Du Schlingel, du Bengel mußt a drei reden?
Ich wöllt Dich gleich mit Füßen treten,
Mit Füßen treten, mit Füßen stußen,
Daß de kannst ke Wort mehr kusen.

Jetzt singt der ganze Chor den Anfang des Liedes: „Komm, du werthes Lösegeld ꝛc.", und nun treten Joseph und Maria vor. Joseph geht krumm, hustet immer und spricht, wie die beiden Ruprechte, in der Volksmundart.

Joseph:

Hörst Du, Maria aus Davids Stadt allda,
Wir beide wollen uns schätzen la.
Wie könnten wir aber recht erfahren,
Wo wir heut Nacht möchten Herberg hab'n?
Wir sind auf dieser Reis fürwahr
Gewesen in sehr großer Gefahr,

Haben's Gott zu danken sehr,
Daß er uns geholfen bis hieher.
Dort seh' ich einen feinen Ma,
Und in sein Haus wir wollen ga,
Und ihn um Herberg sprechen a.
Einen schönen guten Abend, mein lieber Herr Wirth!

Wirth:
Habt Dank, mein lieber Alter, wo kommt Ihr jetzt hieher?

Joseph:
Ho ho ho, Ihr dürft net schreien halb so sehr,
Schreit Ihr doch, all wenn ich gleich aller taub wär.
Ich und das Weibele kommen aus der Stadt
In Galiläa, die da heißet Nazareth.
Die Schatzung ist in aller Welt,
Den Kaiser wollen berichten bald.
Drum bitten wir Euch als fromme Leut,
Ihr wollt uns aufnehmen zur Herberg heut.

Wirth:
Nein, mein lieber Alter, das kann nicht sein.

Joseph:
I wozu denn?

Wirth:
Es sind bei mir gekehret ein —

Joseph:
Nu wer denn?

Wirth:
Viel tapfere Herren, Frau'n und Mann,
Die fast alle gehören daran, —

Joseph:
Nu, da rutschen mer a mit na.

Wirth:
Von Rom, der großen mächtigen Stadt
Und von der kaiserlichen Majestät.
Drum traut und glaubt mir,
Ihr könnt keine Herberge bekommen allhier,

Weil Alles ist genommen ein
Von kaiserlichen Abgesandten, die allhier sein.

Joseph:

Hörst de, Marie, gi du na,
Weil ich nischt richten ka.

Maria:

Herr Wirth, ich bitte Euch durch Gott,
Betrachtet meine große Noth,
Den Zustand, den es hat mit mir.
Vergönnt mir doch ein Oertlein hier,
Ein Oertlein, mir bequem,
Damit ich keinen Schaden nehm'.

Wirth:

Ich weiß Euch anders keinen Rath
Von wegen der kaiserlichen Majestät.
Wollt Ihr aber vorlieb nehmen mit dem Stall, so geht hinein,
Derselbe soll Euch vergunnet sein.

Maria:

Ach, was soll ich in dem Stall bei dem unvernünftigen Vieh,
Und ist zu groß die Kält' allhie.

Wirth:

Ihr hört ja wohl, wie sich's verhält,
Drum sag ich Euch zum letzten Mal,
Vergunnet soll Euch sein der Stall;
Ich kann Euch anders helfen nicht,
So helft Euch, wie Ihr könnt und wißt.

Joseph:

Marie, es ist halt Gottes Geschick,
Wir frommen Leut haben halt kein Glück.
Wir wollen uns af e Winkele machen,
Gott wird schicken alle die Sachen,
Er wird uns nehmen in seine Hut
Und wird uns halten für recht und für gut.

Nun treten sie wieder in die Reihe. Der Chor singt nun:

Steht, ihr Hirten, auf und wachet!
Seht doch, wie der Himmel lachet,
Seht doch an die schöne Nacht.
Jeder Tag, der muß entweichen
Und die schöne Nacht sich zeigen,
Weil sie steht in voller Pracht.
Wir leben ohne Furcht und gehen hin zu seh'n
Das große Wunder, das in dieser Nacht gescheh'n.

Die Hirten, die bis jetzt vorn an der Thür gestanden haben, gehen während dieses Gesanges im Takt durch das Zimmer auf und ab, und zwar so, daß der eine unten ist, während der andere oben ist. Jetzt beginnt, in derselben Weise fortschreitend, der große Hirt:

Schau, Bruder, ein groß Wunder dar!

(Der kleine Hirt, der jetzt auf der andern Seite der Stube ist, spricht nach: „Wunder dar," und so bei jeder Verszeile, an deren Ende sich beide Hirten allemal umwenden und nach der entgegengesetzten Seite gehen.)

Die schwarze Nacht scheint hell und klar,
Ein großes Licht bricht jetzt herein,
Ihm weichet aller Sternenschein.

Der kleine Hirt.
Schau, Bruder, ein groß Wunderlicht!

(Der große Hirt: „Wunderlicht," wie oben.)

Scheint ja die alte Sonne nicht,
Weil's wider die Natur die Nacht
Zu einem hellen Tage macht.

Großer Hirt:
Was wird hiedurch und zeiget an,
Daß sich die Natur so ändern kann?
Es muß ein großes Werk gescheh'n,
Wie wir an diesem Zeichen sehn.

Jetzt erscheint der Engel und verkündet den Hirten mit den Worten der heil'gen Schrift die Geburt Christi. Nun spricht der kleine Hirt:

Drum, Bruder, auf! geh mit mir einen Lauf,
Nach Bethlehem wollen wir gan
Und wollen nach diesem Kindlein fran,
Wie uns der Engel hat kundgethan.

Nun singt der Chor:

> In dulci jubilo,
> Nun singet und seid froh,
> Unsers Herzens Wonne
> Liegt in praesepio
> Und leuchtet als die Sonne.

Dann gehen die Hirten zu Maria und Joseph; der große Hirt spricht:

> Et schönen guten Abend, mein lieber Papa,
> Treffen wir das neugeborne Kindlein hier a?

Joseph:

> Ja ja, ja ja.

Großer Hirt:

> Wie heißt das Kind?

Joseph:

> Emanuel.

Großer Hirt:

> Was bringt es mit?

Joseph:

> Trost, Heil der Seel'.

Großer Hirt:

> Et, wer führt uns zu dem Kindelein?

Joseph:

> Das thut der rechte Glaub' allein.

Großer Hirt:

> Et, warum sollten wir da nicht fröhlich sein
> Und singen mit den lieben Engelein:
> Laßt uns Alle fröhlich sein!?

Chorgesang:

> Laßt uns Alle fröhlich sein,
> Preisen Gott den Herrn,
> Der sein liebes Söhnelein
> Uns selbst thut verehr'n.

Der große Hirt:

Ach mein herzliebstes Jesulein,
Wenn ich a was bei mir hätt',
Das ich Dir verehren thät'!
Nun, diesen Apfel geb' ich Dir,
Das ewige Leben schenkst Du mir.

Der kleine Hirt:

Ach mein herzliebstes Jesulein,
Wenn ich a was bei mir hätt',
Das ich Dir verehren thät!
Ich hab' noch ein alt hart Rinnel Brot,
Hobs länger als vier Wochen in mein Kober gehot,
Do, Alter, iß Du's.

Nun singt der Chor den Liedervers: „Heut schleußt er wieder auf die Thür ꝛc.," und der heilige Christ wendet sich nochmals an die Kinder:

Ihr Kinderlein, zur guten Nacht
Seid nur auf Lob und Dank bedacht
Und preiset Jesum, Gottes Sohn,
Der heut kömmt von des Himmels Thron.
Er wird dies Jahr noch oft einkehren
Und übers Jahr viel mehr bescheeren.

Nach dem Schlußgesang: Hosiannah, Davids Sohn ꝛc. oder einem andern Liedervers entfernt sich die ganze Engelschaar.

Höchst wahrscheinlich ist dieses Stück dasselbe, welches auch in Königswalde vor ungefähr zehn Jahren zum letzten Male aufgeführt wurde. Hier bestand nämlich bis zu diesem Zeitpuncte gleichzeitig eine Engel= und eine Kö= nigschaar, und das Dreikönigsspiel wenigstens ist mit einigen unbedeutenden Abweichungen dasselbe, welches nicht nur in Frohnau und Wiesa, sondern auch in Sehma und Cranzahl noch in guter Erinnerung lebt. Na= mentlich in Cranzahl herrscht noch eine sehr große An= hänglichkeit an das Weihnachtsspiel; die meisten Mitglieder der Königschaar sind noch am Leben, sie sind aber alle wegen der Aufführung in Strafe gekommen und wünschen nun mit brennender Begierde die Erlaubniß zur Wieder= holung ihres Spieles herbei. Die Schaar bestand aus

14 Personen, lauter Männern, auch Maria wurde wenigstens in der letzten Zeit von einem jungen Manne dargestellt, der auch Mann hieß. Das Stück ist in viel besserer Ordnung als die meisten andern, das Gespräch Josephs und Mariens mit dem Wirth stimmt wörtlich mit der oben mitgetheilten Engelschaar überein, die Hirtenscenen aber sind viel ausführlicher. Ich theile zuvörderst die Arie mit, die sie singen:

Frohlocket, ihr Himmel, mit englischer Wonne,
Weil Jesus geboren, die himmlische Sonne.
Es jauchzen die Völker, es singet die Welt,
Weil Jesus heimsuchet das Erdengezelt.
Heut singen die Engel, heut lachet der Himmel,
Heut jauchzet und springet das Erdengetümmel.

Dieser Vers wurde bei dem Auftreten der Hirten gesungen; nach der Anbetung im Stalle folgt der zweite:

Drauf finden die Hirten und loben mit Schalle
Das Jesulein, liegend im finsteren Stalle,
Sie fallen zu Füßen und beten es an,
Als ihnen der Engel dies kundbar gethan.
Heut singen die Engel, heut jauchzen die Himmel,
Heut jauchzet und springet das Erdengetümmel.

Hierauf kündigt der kleine Engel das Auftreten der heiligen drei Könige mit einigen Worten an. Die drei Könige tragen röthliche Uniformen und niedrige Kronen; der schwarze ist hier Melchior. Sie sind noch in ihrer Heimath, Kaspar erblickt den Kometen und deutet ihn auf die Geburt des Weltheilandes; zu ihm tritt dann König Balzer, der ihn auch gesehen hat und vor Freuden nicht weiß, was er thun soll; dann kommt Melchior und spricht:

Im Namen Jesu seid gegrüßt!
Ich bring' Euch gute neue Zeit,
Die Euch der Herr mit Freuden geit.
Euch ist geboren der edle Held,
Der erlösen wird die ganze Welt.
Drum laßt uns eilend und behend
Hinziehen nach demselben End',
An welchem Ort zu dieser Frist
Der neue König geboren ist.

Denselben wollen wir beten an
Und ihm auch unsre Huldigung than,
Wir wollen ihn verehren mit unserm Geschenk,
Dabei er unser stets gedenk'.

Die andern stimmen bei und beschließen bei dem König Herodes sich zu erkundigen. Und sogleich haben sie 200 Meilen, wie sie später sagen, zurückgelegt, sie stehen vor ihm und sprechen alle Drei:

Glück zu, mein lieber König Herodes!

Der König Herodes trägt einen hohen dreieckigen Hut, ein pelzverbrämtes Kleid und Schleppsäbel. Wie er auf seine Frage nach ihrem Begehr hört, daß ein solches Kindlein geboren sei,

Welches ein großmächtiger König und Herr soll sein,
Seine Gewalt über Himmel und Erden,

geräth er in heftigen Zorn:

Potz Quintus Florus, was hör' ich nun!
Was soll ich in meinen Sachen thun?
Soll sein ein neuer König geboren,
So wär' mein ganzes Reich verloren.
O Jammer über Jammer groß!
Wie stehet meine Sache bloß!
Soll sein ein neuer König zur Hand,
So treibt er mich aus meinem Land.

Er sendet seinen Diener, der einen hohen dreieckigen Hut und einen Säbel trägt, zum Rabbiner. Der steht aber gleich dabei, es ist der Mann in dem langen schwarzen Mantel mit Gurt; man hört deshalb auch die Bestellung ausrichten, und unmittelbar nach seiner Antwort an den Diener spricht er auch schon zum König, dem er dann die Weissagung des Propheten Micha verkündet. Herodes weist nun die drei Könige nach Bethlehem, und kaum haben sie alle drei zu Herodes gesagt:

Gnädigster Herr König, es soll gescheh'n!

so spricht auch schon Kaspar zu Joseph:

Guten Abend, mein lieber alter Herr!
Ist das der König der Ehren?
Ist das das liebe Kindelein,
Welches aller Welt ein Herr soll sein?

Joseph:

Ja, ja, man sagt's zu jeder Frist,
Daß ein neuer König geboren ist.

Kaspar:

Ach, mein herzliebes Jesulein,
Nimm an die Verehrung mein,
Von rothem Gold zeig' ich Dir hier,
Daß Dein Reich ewig soll besteh'n.

Balzer:

Den Weihrauch ich auch opfre Dir,
Welcher allein gebühret Dir,
Weil Du von Gott bist hergestellt
Zu einem Priester der ganzen Welt.

Melcher:

Nimm hin die Myrrhen, die ich Dir schenk'.
Ich bitt', Du wollst sein mein eingedenk,
Mich führen in den Himmel ein,
In Deines Vaters Reich allein.

Joseph:

Nun, Ihr lieben Herren, Gott dank Euch sehr
Für solche Geschenke, Gab' und Ehr'.

Nun legen sich die Könige schlafen, der Engel erscheint und verkündet ihnen Herodes Anschlag auf des Neugebornen Leben. Darauf spricht Kaspar:

Die weil wir nun im Traum von dem Engel haben gehört,
Daß wir sollen ziehen einen andern Weg,
So laßt uns aufmachen zur Hand
Und ziehen durch ein ander Land.

Dann spricht der Engel wieder zu Joseph und fordert ihn zur Flucht auf. Dieser sagt zu Maria:

Nun, Maria, laß Dir sagen,
Wir sollen das Kind nach Aegypten tragen.

Maria:

Es soll an mir kein Mangel sein,
Komm immer, mein liebes Jesulein,

Wir wollen schnell und behend
Reisen nach unserm Elend.

Joseph:
Pack' zusammen!

Nun singt der Chor den Liedvers: „Wo werd ich Dich nun finden? zu Bethlehem nicht mehr u. s. w.," und nach dem Ende des Gesanges fragt Herodes:

Mein lieber Diener, hast Du nichts vernommen,
Ob diese Personen sind wiedergekommen?

und da er hört, daß sie „fremde Straßen" gezogen seien, ruft er erzürnt:

Ei, da schlag' Blei und Pulver drein,
Sollten sie gewiß vorüber sein.

Er beschließt den Kindermord:

Und sollten alle Kinder sterben,
So muß der König auch verderben;
Das Kinderblut ist meine Lust,
Die weil mich's Kron' und Scepter kost't.
Drum auf, ihr Diener, eilt geschwind,
Und helft mir suchen das jüdische Kind.
Wenn Einer solches ausrichten kann,
Der soll haben mein halb Königreich zum Lohn.

Diener:

Mit meiner Macht und starker Hand
Will ich geh'n durch's ganze jüdische Land
Und tödten alsobald alle Knaben
Von zwei Jahren alt zu Ehren mein,
Hau'n und stechen mit meiner Kling' und Spitzen;
Den großen Hauf und das Fräulein
Wird sie mit Knabenblut bespritzen.
Zu Ehren des Herren mein
Will ich meine Macht beweisen,
Mit Rach' und unbarmherz'ger Hand,
Die auch durchbringet Stahl und Eisen,
Zu schützen meines Herren Kron',
Davon ich soll' haben sein halb Königreich zum Lohn.

Nun spricht er dreimal:

Ich suche Blut und übe Rach' an jungen Knaben aus.

Der Chor singt:
> Auf sperrten sie den Rachen weit
> Und wollen uns verschlingen.
> Lob und Dank sei Gott alle Zeit,
> Es wird' ihn'n nicht gelingen.
> Er wird ihren Strick zerreißen gar
> Und stürzen ihre falsche Lahr,
> Sie werden's Gott nicht wehren.

Dann tritt der **Diener** wieder ein und spricht:

Ich hab' gekämpft und wollt' obsiegen dar,
Nun aber muß ich schamroth werden ganz und gar;
Ich suchte wohl, fand aber nichts,
Nach dem sich thät mein Muth erreichen.
Mit Rach' und Tyrannei ist nichts gethan,
Das muß ich jetzt bezeugen.
Ich hätte gern vollführt, was mir vom König war bestellt,
Nun aber ist mir erst der ganze Sinn und Muth gefällt;
Drum leg' ich nieder Wehr und Waffen
Und hab' mit der Gerechten Blut nichts mehr zu schaffen.

Und nun redet der **Engel** wieder zu Joseph, den wir uns mit Maria in Aegypten zu denken haben, und verkündet, daß die, welche dem Kindlein nach dem Leben standen, todt seien, und fordert ihn zur Heimkehr auf. **Joseph** spricht zu Maria:

> Hör', Maria, wir sollen schnell und behend
> Reisen wieder nach Bethlehem,
> Gott wird uns auch erhalten bis an unser End'.

Hierauf singt die ganze Schaar eine Arie, welche anfängt:

> Was wird mir mein herzliebes Jesulein geben?
> Himmlisches Leben!

oder einen passenden Liedervers, und nun beschließt der Sternengel das Spiel mit den Worten:

> Nun, lieben Freunde insgemein,
> Nun haben Sie vernommen fein
> Und ohne Zweifel frei vernommen,
> Wie es mit dem Kindlein sei gekommen,

Daß es mußt' gleich nach seiner Geburt
Hinziehen an einen fremden Ort,
Und wie Herodes falsche List
Hernach zu nichte worden ist,
Und wie die Weisen aus Morgenland
Ihm groß' Geschenk' verehret haben.
Der Fried' des Herren sei mit Euch,
Einen guten Abend haben Sie allzugleich,
Dazu ein fröhlich neues Jahr;
Gott helf, daß es uns Allen widerfahr',
Gott helf, daß er nach dieser Zeit
Uns bringe zu der Ewigkeit.

Mit dem Schlußvers: „Heut schleußt er wieder auf die Thür," der fast überall zum Ende gesungen wird, zieht nun die Königschaar ab.

Wenn auch die Begebenheiten in der richtigen Zeitfolge stehen, so ist doch, wie wir sehen, die Handlung, namentlich gegen das Ende hin, sehr dürftig, und von dichterischer Schönheit kann vollends gar nicht die Rede sein, selbst der Sinn ist oft schwer herauszufinden. Kann wohl ein solches Stück wirklich erbaulich auf die Zuschauer einwirken? Man sollte es kaum glauben, und gleichwohl sagen Leute, die zugesehen haben, diese Aufführungen seien gar schön gewesen, und es sei Schade, daß sie nicht mehr gestattet würden, man habe sich die Geschichte von der Geburt Christi so schön verdeutlichen können. Wo aber diese Verdeutlichung herkommen soll, wenn wir uns von den in der Stube neben einander stehenden Personen die einen in Bethlehem, die andern in Jerusalem, wieder andere auf dem Felde, die Könige erst im fernen Morgenlande, dann gleich in Jerusalem und sofort auch in Bethlehem, Joseph und Maria erst in Bethlehem, dann wieder in Aegypten denken sollen, ist schwer einzusehen. Indessen eignet es sich verhältnißmäßig noch am besten dazu, auch deswegen, weil gerade dieses Stück an so vielen Orten aufgeführt wurde, neben der oben mitgetheilten Engelschaar auch eine Probe von dem Spiele der Königschaar zu geben; weshalb wir die Scenen, die in der Engelschaar nicht vorkommen, ausführlicher dargestellt haben.

Aehnliche Dreikönigsspiele haben wir nun noch mehrere gefunden. Im Dorfe Raschau, wo früher auch

eine Engelschaar bestand, wurde noch vor etwa sechs Jahren
des Dreikönigsspiel aufgeführt; da aber die Polizei fernere
Aufführungen nicht duldete, so ist der Bergmann Kautsch,
der früher den großen König (Caspar) spielte, seitdem auf
ein Auskunftsmittel verfallen, welches keine Einmischung
der Polizei fürchten läßt; er hat nämlich ein Theater mit
Figuren, die durch ein Räderwerk bewegt werden, gebaut
und führt nun das Stück, nur mit Weglassung der Gesänge, noch jetzt um die Weihnachtszeit in Raschau und
an andern Orten als Puppenspiel auf.

In Markersbach gibt es ebenfalls noch Leute, die
ihr Dreikönigsspiel gern wieder aufführen möchten und sich
bis jetzt vergebens um die Erlaubniß dazu beworben haben.
Leider ist das Stück sehr verdorben und an vielen Stellen
gar nicht zu verstehen. Wir finden aber dasselbe Stück
mit einigen Abänderungen auch in Großpöhla wieder,
wo es vor vielleicht 28 Jahren drei Weihnachten hinter-
einander durch Kinder, dann einmal durch Erwachsene aufgeführt wurde. Es stimmt übrigens an vielen Stellen
mit dem Ernstthaler und zugleich mit dem Dreikönigsspiel
aus Reichenbach in Schlesien wörtlich überein. In neuester
Zeit hat ein Mann aus Großpöhla das alte Stück umgearbeitet und hofft es in dieser Gestalt zur Aufführung
bringen zu können. In dieser Umarbeitung führt es den
Titel: „Bethlehems Weihnachtsfeier, oder die Geburt unsers Herrn und Heilandes Jesu Christi, eine Vorstellung für fromme Christen, die Jesum von Herzen lieb
haben." Das alte Stück ist in diese Bearbeitung ganz
aufgenommen, auch die unverständlichen Stellen; doch ist
viel Neues dazu gekommen, und dieses Neue ist nicht in
Versen, sondern in Prosa abgefaßt, wenn es nicht Lieder
sind, die in ziemlicher Anzahl verwendet sind, wie namentlich bei der Anbetung der drei Weisen, von denen jeder
ein langes, aus lauter Liederstellen bestehendes Gebet
spricht. Namentlich zu Anfang und zum Schluß halten
die Engel lange, die Bedeutung des Festes und der Vorstellung darlegende Reden in Prosa.

In Grünhain haben noch vor etwa sechs Jahren
Kinder das Dreikönigsspiel aufgeführt, und zwar das
oben erwähnte Raschauer Stück. Ferner finden wir ein
Dreikönigsspiel in Crottendorf, das noch vor wenig

Jahren dort aufgeführt worden ist. Dieses ist in einem
bessern Zustande als viele der übrigen, die ich aus dem
Munde der Darsteller oder aus vorhandenen Niederschriften
habe erlangen können; ich glaube aber doch nicht, es hier
mittheilen zu dürfen, zumal die oben mitgetheilten Proben
wohl hinreichen, ein Bild von der Art und Weise der
Dreikönigsspiele zu geben.

Ob die Weihnachtsspiele, welche noch bei Menschen=
gedenken in Aue, in Pfannenstiel, in Rittersgrün
und um 1848 durch Schulkinder in Jöhstabt aufgeführt
wurden, zu den Engelschaaren oder zu den Dreikönigs=
spielen gehörten, weiß ich nicht, da ich über diese Stücke
nichts Näheres habe erfahren können.

In Cunnersdorf bei Annaberg war vor zwanzig
oder mehr Jahren zugleich eine Engel= und eine König=
schaar, zu denen auch Leute aus Königswalde und Bären=
stein gehörten. Nun spielte einst in einem Bauergute die
Engelschaar, wahrscheinlich in der Zeit von Neujahr bis
Hoheneujahr; denn in manchen Orten scheint es streitig
gewesen zu sein, ob diese Woche noch der Engelschaar ge=
hörte oder schon in die Zeit der Königschaar fiel. Un=
terdeß kam die Königschaar und wollte ebenfalls spielen.
Als nun die Engelschaar zu Ende gekommen und fort=
gehen wollte, kam es in der Hausflur zwischen Engeln
und Königen zu Handgreiflichkeiten, die heute noch in der
Erinnerung des Dorfes unvergessen sind. Solche Auf=
tritte mögen wohl vielfach vorgekommen sein, und dies
ist wohl auch ein Hauptgrund gewesen, weshalb die Obrig=
keit gegen diese Spiele einschritt.

Die Engelschaar scheint früher viel mehr in Uebung
gewesen zu sein als die Königschaar. Außer den Engel=
schaaren in Frohnau, Wiesa, Hermannsdorf, Königswalde,
deren Stück wir oben ganz mitgetheilt haben, finden wir
solche Gesellschaften noch an vielen Orten. An manchen
dieser Orte ist das lange her. In der Stadt Geier spielte
vor etwa 45 Jahren die Engelschaar zum letzten Male.
In Scheibenberg konnte ich Niemanden mehr auffinden,
der von einer einheimischen Schaar etwas gewußt hätte,
obgleich ältere Leute an andern Orten von der Scheiben=
berger Engelschaar Manches erzählten; wohl aber wußte
man in Scheibenberg noch, daß fremde Gesellschaften, na=

mentlich die Crottendorfer Königschaar, früher hier häufig gespielt haben, wie noch vor zehn Jahren in dem an der Stadt liegenden Ihle=Gut. In Schlettau hat die Engelschaar um 1820 zum letzten Male gespielt, da aber schritt die Obrigkeit dagegen ein. In Bockau hatte man früher ein „Hirtenspiel," das doch wohl zu den Engelschaaren zu rechnen ist, ich weiß aber nicht, wenn man zuletzt spielte.

An manchen Orten hat sich die Engelschaar länger gehalten. In Grumbach bei Jöhstadt spielte sie noch in den Jahren 1836 bis 1840. In Buchholz lebt auch noch ein Mann, der die Engelschaar auswendig weiß und sie vor etwa vier Jahren durch Schulkinder hat aufführen lassen. Die Engelschaar von Bärenstein, die ich öfter habe loben hören, die Leute hätten ihre Sache sehr gut gemacht, bestand noch in den vierziger Jahren, und der Mann, der an der Spitze stand, macht schon den Eindruck, als ob er eine Sache wohl hinauszuführen verstände. Er spielte den Wirth, und es scheint, als ob immer den Wirth der vorgestellt habe, welcher die ganze Sache leitete; in Frohnau wenigstens sprach man davon, wie von etwas, das sich von selbst verstände. Wie alle Personen des Spieles durch etwas, das sie in der Hand tragen, gewissermaßen sich ausweisen, wen sie eigentlich vorstellen, so trug hier, wie auch in Neudorf, der Wirth einen ganz kleinen Stall in der Hand, eine Sitte, die wir auch bei den Weihnachtsspielen in Ungarn wiederfinden, ungefähr so, wie an alten Kirchen der Gründer der Kirche dargestellt wird, indem er ein kleines Modell der Kirche in der Hand trägt. Ich sah in Bärenstein diesen kleinen Stall; er ist kaum eine Hand groß, die Wände sind nur durch das Gebälk angedeutet, und im Innern steht neben der Krippe ein Ochschen und ein Eselchen.

Die allerjüngste Erinnerung an die Engelschaar traf ich in Mildenau. Sie ist dort noch zu Weihnachten 1857 aufgeführt worden, und mehrere von den Darstellern zeigten mir nicht nur, was sie von ihren Kleidungen zur Hand hatten, wie z. B. die ellenhohe Krone von Goldpapier mit durchscheinenden Figuren, die der eine Engel getragen, sondern erzählten mir auch Alles sehr genau, nachdem sie sich versichert hatten, daß meine Nachfrage

„nichts zu bedeuten habe." Sie sind nämlich nach der letzten Vorstellung im Amte vorgenommen worden, aber mit sehr gelinder Buße — einigen Kosten — weggekommen. Diese Furcht, daß meine Nachfrage „etwas zu bedeuten habe," d. h., daß sie nachträglich noch in Strafe kommen könnten, hat überhaupt meine Nachforschungen sehr erschwert; warnten doch sogar die Töchter einer alten Frau, die mir in Hermannsdorf von der Engelschaar erzählte, in der ihr verstorbener Mann vor mehr als vierzig Jahren mit gespielt hatte, ihre Mutter: „Es könnte am Ende was zu bedeuten haben." Die Rollen der Maria, der beiden Engel, des heilgen Christ und des Martin haben bei der letzten Aufführung Mädchen von 18 bis 23 Jahren gespielt. Das Stück stimmt ziemlich mit dem oben ausführlich mitgetheilten überein, auch die Kleidung war ziemlich dieselbe. Ich will aus diesem Spiele wenigstens ein kleines Liedchen mittheilen, das der Wirth singt, und das zwar etwas spielend, aber doch recht schön ist. Es lautet:

> Singet und springet und freuet Euch Alle,
> Denn Jesus ist heute geboren im Stalle,
> Jesus ist zu uns vom Himmel gekommen,
> Jauchzet, frohlocket und singet, ihr Frommen!
>
> Ihr Vöglein in Lüften, thut fröhlich nun singen
> Und thuet dem Jesulein Bettelein bringen,
> Zauset und mauset euch Federlein raus,
> Machet dem Jesulein Bettelein draus.

In Neudorf hat zuletzt um Weihnachten 1836 die Engelschaar gespielt. Noch im vorigen Sommer lernte ich da einen achtzigjährigen Greis kennen, Oeser, für den die Erinnerung an die Zeit, in welcher er in der Engelschaar mitspielte, die eigentliche Blüthe seines Lebens war. Er hatte das ganze Stück im treuen Gedächtniß bewahrt und wurde oft in Spinnstuben und sonst bei geselligen Zusammenkünften aufgefordert, die Engelschaar zu singen und zu sagen. Aus seinem Munde hat mir der wackere Herr Cantor Türke in Neudorf, dem ich auch sonst große Förderung bei meinen Nachforschungen nach Weihnachtsspielen verdanke, nicht nur die Worte des Spieles, sondern auch die Weisen der Lieder und die Beschreibung, wie es bei der ganzen Vorstellung hergegangen ist, aufgezeichnet.

Die Aufeinanderfolge der Begebenheiten ist hier eine andere, als in der oben mitgetheilten Engelschaar. Erst singt der ganze Chor in der Hausflur den ersten Vers des Liedes: „Vom Himmel kam der Engel Schaar." Während dieses Gesanges kniet der Engel Gabriel auf der Thürschwelle. Hierauf erhebt er sich, tritt in feierlichem Schritt in die Stube ein und spricht:

In diesem Hause sei des höchsten Gottes Friede,
Den angemeldet hat in einem neuen Liede
Der Engel aller Schaar in dieser frohen Nacht,
Die uns der Völker Heil und Licht zuweggebracht.
Zu des Augustus Zeit ist uns ein Sohn gegeben,
Der uns gebähnet hat den Weg zum Himmel eben.
Ihr Leute, höret zu, was von dem Kinde sagt
Ein jedes unter uns, und seid ganz unverzagt.

Unterdeß ist die ganze Schaar eingetreten. Joseph tritt hervor und spricht:

Mein Herz ist voll lauter Noth.
Maria, die schöne Braut,
Ist mir zum ehelichen Weibe anvertraut;
Allein man sagt jetzt aller Orten,
Sie wär', ich weiß nicht wie, schwanger worden.
Nun werd' ich mir den Vorsatz fassen,
Um sie bald heimlich zu verlassen.
Nun wird mir mein Herz so schwer!
Ich will mich ein wenig ducken hieher.

Er legt seinen Kopf auf den Tisch, als ob er schliefe. Jetzt tritt der Engel Gabriel zu ihm und spricht:

Joseph, Du frommer Mann,
Fürcht' Dich nicht, daß ich zu Dir komm'!
Du sollst Deiner Gemahlin Dich nicht schämen,
Sollst sie frei öffentlich zu Dir nehmen;
Denn das in ihr geboren ist,
Ist nicht gescheh'n durch Menschenlist,
Noch von eines Mannes Fleisch und Blut,
Sondern von dem heil'gen Geiste gut.
Sie wird gebären ein Söhnelein,
Das sollst Du heißen Jesulein.

Joseph erwacht und spricht:

> Was? Wie? Ist denn Niemand allhier?
> Wer hat jetzund geredet mit mir?
> Ist es ein Traum? wird er mir wahr,
> So komm' ich doch aus der Gefahr.
> Nun werd' ich mit Freuden ihr Mann,
> Ich will ihr dienen, womit ich kann,
> Sie soll mein liebes Eheweib sein.
> Nun komm, Maria, Du bist doch mein.

Maria:

> Joseph, mein lieber Mann,
> Das hat Dir der Engel kundgethan,
> Daß Deine falsche List fürwahr
> Hat müssen werden offenbar.

Hierauf singt die ganze Schaar wieder zwei Verse des Liedes: „Fürstensohn aus Davids Stamm," und dann eröffnet Joseph seiner Gattin, daß sie nach Bethlehem zur Schatzung müßten; sie gehen über die Stube und sind nun in Bethlehem und sprechen den Wirth an. Dieser Auftritt ist fast wörtlich wie oben in Hermannsdorf. Darauf singt der Chor wieder nach einer sehr ansprechenden Weise das Lied: „Bethlehem, uns wundert alle," welches in das zu Ende dieses Büchleins mitgetheilte Weihnachtsspiel aufgenommen ist. Nun treten die beiden Hirten hervor und sprechen:

Erster Hirt:

> Wie wird es denn so licht? Ach, Bruder, ach, es blitzt!

Zweiter:

> Vor Angst und Bangigkeit mein ganzer Leib so schwitzt.

Erster:

> Ei, ei, es läßt nicht nach; mir wird sehr angst und bang.

Zweiter:

> Das Herze bebt vor Furcht; ich warte da nicht lang.

Erster:

> Ei, wer nur laufen könnt'! Ich wollte gerne gehn.

Zweiter:

Ich kann vor Angst kaum mehr auf meinen Füßen steh'n.

Der Engel verkündet nun die Geburt des Heilandes, und die ganze Schaar singt das Lied:

> Der Engel verkündiget herzliche Freude
> Den Hirten im Felde bei nächtlicher Weide.
> Glückselige Leute, ach fürchtet Euch nicht
> Vor diesem Euch plötzlich erscheinenden Licht.
> Heut singen die Engel, heut lachet der Himmel,
> Heut jauchzet und springet das Erdengetümmel.

Dieser Vers gehört augenscheinlich zu dem Liede, welches oben bei Cranzahl mitgetheilt ist, und ist zwischen jene beiden Verse einzuschalten. Nun spricht der erste Hirt:

> Ach, Bruder, wie schlug mir die Furcht in alle Glieder,
> Da sich des Himmels Glanz ließ in den Wolken nieder.
> Das macht der Engel Wort, daß alle Furcht vergeht,
> Und nun mein ganzer Sinn nach diesem Kinde steht.

Der zweite Hirt stimmt bei, und nun eilen sie nach Bethlehem und rufen, zu Joseph und Maria gewendet:

> Hollah! hollah!

Joseph:

> Wer da? Wer da?

Erster Hirt:

> Liegt hier das Kindelein,
> Das unser Herr soll sein?

Joseph:

> Hier liegt es in der Mutter Schoß,
> Ganz arm und elend, nackt und bloß.

Zweiter Hirt:

> Was bringt es Gutes mit, und warum ist es kommen?

Maria:

> Damit der ew'ge Fluch von Euch sei weggenommen,
> Stellt es sich in der Welt aus Liebe zu Euch ein
> Und will auch wiederum mit Lieb' verehret sein.

Erster Hirt:

Ihr Leute, freuet Euch! Messias ist gekommen,
Das Joch der Dienstbarkeit von uns sei weggenommen.
Gott hat uns dieses Heil auch in der That bescheert,
Wir Beide haben es gesehen und gehört.
Dem Höchsten wollen wir dafür Lobopfer bringen.
Gott helf' uns fernerweit, laß Alles wohl gelingen.

Zweiter Hirt:

O allerschönstes Kind, sei tausendmal willkommen!
Durch Dich wird aller Schmerz und Noth hinweggenommen.
O theurer Himmelspring, wie schöne sichest Du!
Hab' Dank, daß Du der Welt hier bringest Fried und Ruh!

Nun gibt Maria Joseph die Wiege; dieser thut, als ob er das Kind wiege und singt das schöne Wiegenlied: „Kommet her zu dieser Krippen," welches ebenfalls in dem weiter unten mitgetheilten Weihnachtsspiele sich wiederfindet.

Damit ist die Darstellung der Geburt Christi abgeschlossen. Jetzt tritt der heil'ge Christ vor die Kinder und fragt sie, wie sie sich bisher verhalten haben. Der Engel Raphael verklagt die Kinder hart, Nicolaus ebenfalls, spricht aber die Hoffnung aus, daß sie sich bessern werden. Der heilige Christ setzt nun die Kinder deshalb zur Rede und sagt den Andern, seinen Dienern, daß sie die Bescheerung hinaustragen sollen; Ruprecht beginnt nun sinnlose Worte herauszupoltern, Petrus aber bittet für die Kinder, Ruprecht will sich die bösen Kinder nicht nehmen lassen:

Die bösen Kinder sind und bleiben alle mein,
Drum nehm' ich sie mit und steck sie in meinen großen langen Sack hinein.

Da singt der Chor zwei Verse aus dem Liede: „Da Christus geboren war." Christus spricht nun besänftigt und ermahnend zu den Kindern und heißt Petrus das Examen anstellen. Dieser läßt die Kinder beten, und Christus beschenkt sie nun und spricht die Hoffnung aus, daß sie künftig schon auf Gottes Wegen gehen werden.

Nach dem Gesange des Liedverses: „Heut schleußt er wieder auf die Thür," beschließt nun der heilge Christ:

Die liebe Jugend kann doch noch so ziemlich beten;
Allein fahr't ferner fort mit Fleiß und Emsigkeit,
So werdet Ihr nicht mehr den Weg der Bosheit treten,
So ist Euch Glück und Heil in Ewigkeit bereit.
Wir wünschen gute Nacht; wir müssen jetzo fort;
Gott segne dieses Haus mit Frieden hier und dort.

Ruprecht aber spricht im Hinausgehen noch:
Ich wünsche Euch viel tausend guten Morgen.
Der Himmel mag für Euch und Eure Jungfern sorgen.

Dieses Stück ist eines der am besten erhaltenen und die Anordnung eine recht verständige. Da es Niemand mehr auswendig wußte, als der alte Oeser, so wäre es nun schon nicht mehr möglich, es der Vergessenheit zu entreißen, denn der alte Oeser ist im vorigen Herbste, ohne krank gewesen zu sein, hinübergeschlummert und wird nun wohl da drüben in der Engelschaar schöner spielen und singen, als hier in seinem rauhen Gebirgsthale. Ruhe sanft! Dein Erdenleben soll mir unvergessen sein, und wer sich etwa an diesem Büchlein erfreuen sollte, der mag es wissen, daß die Erzählungen des alten Oeser es gewesen sind, welche die Nachforschungen nach den Weinachtsspielen im Erzgebirge veranlaßt haben, deren Frucht dieses Büchlein ist.

In Neudorf sind wir nun schon im Angesichte unsers imposanten Grenzwächters, des Fichtelberges. Von seinen Höhen können wir das ganze Gebiet überschauen, durch das wir jetzt gewandert sind. Wenn wir die entlegenern Orte Ernstthal und Zschopau ausschließen, so umfaßt das ganze Gebiet, wo wir so viele Weihnachtsspiele noch in lebendiger Erinnerung antrafen, kaum sechs Geviertmeilen oder den vierzehnten Theil des Zwickauer Kreisdirectionsbezirks. Aber ich habe gehört, daß sowohl im Westen, als auch weiter nach Osten, namentlich um den Fichtelberg herum, z. B. in Carlsfeld und in der Gegend von Marienberg, solche Spiele in Gebrauch waren, und wer weiß, wie groß die Ausbeute noch sein würde, wenn sich Jemand die Mühe geben wollte, im übrigen Erzgebirge und auch in der Lausitz nachzuforschen. Aber auch in der von uns durchwanderten Gegend ist vielleicht Manches unserm Blicke entgangen, und man hat mir noch viele Orte genannt, an benen ich noch nicht weiter habe nachforschen können, wo aber auch vor noch nicht langer Zeit Engel= oder Königschaaren gewesen sein sollen. Entlang der böhmischen Grenze können wir fast überall von Weihnachtsspielen hören. Vor und nach Weihnachten erscheint da noch jetzt hie und da eine Schaar, von der es heißt, wie von Schillers Mädchen aus der Fremde:

> Sie war nicht in dem Thal geboren,
> Man wußte nicht, woher sie kam,
> Und schnell war ihre Spur verloren,
> Sobald sie wieder Abschied nahm.

Denn wenn die Polizei sie merkt, so schützt sie die Heiligkeit der Gestalten, welche diese Schaar bilden, nicht vor einer unwillkommenen Herberge und andern Unannehmlichkeiten. Es gibt aber doch noch genug Freunde dieses Weihnachtsspiels, auch in seiner unvollkommensten Gestalt, daß es ihnen weder an einem Orte fehlt, wo sie heimlich ihr Stück aufführen, noch an Zuschauern, die vielleicht nie ein anderes Schauspiel gesehen haben und deshalb sehr leicht befriedigt sind. Verrathen werden sie so leicht nicht, und erfährt es ja nachträglich die Polizei und fragt nach, so sind sie schon wieder verschwunden, und es heißt: Es waren Böhmen. Das ist wohl auch meistens wahr, denn im böhmischen Erzgebirge, dicht an der sächsischen Grenze, gibt es noch allenthalben solche Gesellschaften, z. B. in N e u g e s c h r e i, welches an Weipert anliegt, in S c h m i e d e b e r g bei Böhmisch=Wiesenthal, in B r e i t e n b a c h bei Johanngeorgenstadt. Ich bin selbst einmal auf den Kamm des Erzgebirges hinaufgestiegen und habe die Schmiedeberger Gesellschaft aufgesucht. Ich fand sie dort — im Gemeindehause. Die anwesenden Personen waren gleich bereit, mir ihr Stück zu sagen und zu singen. Dieses Spiel war nun ganz anders, als die auf der Nordseite des Erzgebirges in Sachsen; es war weder Engel= noch Königschaar; es stellte nur die Geburt Christi, die Verkündigung auf dem Felde und die Anbetung der Hirten dar, und die Lieder waren natürlich nicht unsere protestantischen Weihnachtsgesänge, sondern mehr süßlich und frömmelnd; den Schluß bildete ein Lied von den verlornen Schäflein, die Christus wieder auf den rechten Weg bringt.

Indem ich so dasaß und dem zuhörte, was sie sangen und in so eigenthümlich klingendem Tonfall sprachen, fühlte ich mich doch ergriffen, namentlich von den Weisen der Gesänge, von der Innigkeit und Zuversicht, mit der gesungen wurde und mit der selbst die kleinsten Kinder, die in großer Menge vorhanden waren, in das Lied einstimmten. Ich begriff bei dieser armseligsten aller Darstellungen gleichwohl etwas von dem Zauber, den diese Weihnachtsspiele für die Darsteller und auch für die Zuschauer haben, etwas von dem Wonneschauer, der namentlich die Kinderherzen durchbebt, wenn sie die Gestalten der Weihnachtsbegebenheit leibhaftig vor sich stehen sehen und sprechen und singen hören. Es war mir, indem ich zuhörte, nicht möglich, das, was sie sprachen und sangen, in ruhigem Nachdenken zu prüfen, ob es schön und verständig und wohl zusammenhängend sei, es ging ja Alles viel zu schnell vorüber, und die äußern Eindrücke theilten die Aufmerksamkeit noch obendrein. Weil deshalb das Denken im Geiste zurücktreten mußte, konnte das Gefühl um so ungestörter walten. So erkläre ich es mir, wie es kommt, daß diese Aufführungen so Vielen im Volke, namentlich den Kindern, so sehr gefallen. Die haben gleich gar nicht die Absicht dabei nachzudenken und das zu prüfen, was die Spieler sagen, und um so ungestörter waltet dann die Einbildungskraft, die namentlich bei der Jugend ja so leicht erregt ist; ein weißes Gewand, eine lichtstrahlende Krone von Goldpapier thut da schon viel, und die Einbildungskraft zeigt dann Alles in einem viel schöneren Glanze, in einer Art von Verklärung.

Eine verständige Frau, die mir von dem Crottendorfer Weihnachtsspiele erzählte, wie das schön gewesen sei und wie sie wünsche, es wieder einmal zu sehen, und der ich nun einen Theil desselben Stückes, das sie öfter gesehen hatte, vorlas, sagte: „Ja, wenn man es liest, klingt es nach gar Nichts; aber sehen muß man's, da ist es schön!" Das ist ganz natürlich, beim Lesen herrscht der prüfende Verstand, der leicht die Unvollkommenheiten entdeckt, beim Sehen wird die Einbildungskraft erregt und drängt den prüfenden Verstand zurück.

So wie diese Frau sprechen Viele in den Gegenden, wo die Erinnerung an diese Weihnachtsspiele noch lebendig ist, und ich habe Manche sagen hören, daß gar keine rechte Weihnacht mehr sei, seit diese Spiele verboten wären. Namentlich sagen sie das in Gegenden, wo Leute die Sache aus Lust und Liebe, und nicht um des Geldverdienstes willen unternommen hatten. Meistens war es aber nichts als eine Bettelei, wie durchgängig bei den böhmischen Gesellschaften, die selbst in das protestantische Land herüberkommen, um ein Stück Geld oder Kuchen oder Speck zu erlangen. Dadurch wird die schöne und große Begebenheit, die wir im Weihnachtsfeste feiern, nur herabgewürdigt, zumal wenn Leute die Aufführung unternehmen, denen ganz die Fähigkeit dazu fehlt und deren Aeußeres sich gar nicht für die Rolle eignet, so daß am Ende selbst bei den Kindern die Sache zum Gespött wird. So ist z. B. in Schmiedeberg die Frau, welche Maria darstellt, eine große, corpulente Person in den Vierzigern. Eine solche Aufführung der Weihnachtsspiele kann nicht geduldet werden, und die Polizei thut wohl daran, daß sie dagegen einschreitet. Es kann auch das nicht gestattet werden, daß die Spielenden von Haus zu Haus ziehen; das gibt Veranlassungen zu Auflauf und Unordnungen aller Art und ist der Sache unwürdig. Nun sagen zwar Viele: „Wenn es jetzt auch nicht geduldet wird, es kömmt doch einmal wieder auf." Ich glaube aber, in der jetzigen Form werden diese Weihnachtsspiele nicht auf die Dauer wieder aufkommen. Es werden sich zwar immer wieder Leute finden, die die alte Engel- oder Königschaar wieder hervorsuchen, in aller Stille ihre Vorbereitungen treffen und sie im Geheimen eine Zeit lang spielen, die Polizei wird aber schließlich doch einschreiten. Und wenn sie auch nicht einschritte, in der jetzigen Gestalt können sich diese Stücke doch nicht auf die Dauer halten. Die Bildung bringt immer tiefer in das Volk, schon in der Schule wird der Verstand der Kinder jetzt mehr geweckt als sonst, schon in der Schule lernen die Kinder schöne Gedichte und Lieder und lernen dadurch unterscheiden, was schön und was unschön ist. In den meisten dieser Weihnachtsspiele ist aber so viel Verkehrtes und Unschönes und für unsere Zeit nicht mehr Passendes, daß am Ende nicht einmal die Kinder mehr Freude daran haben werden, geschweige die Erwachsenen.

Es scheint hier, als ob ich gegen die Weihnachts=
spiele spreche, von denen ich doch oben mit Liebe gesprochen
habe; aber, wohlverstanden, ich spreche nur gegen die Art,
wie sie jetzt sind und wie sie jetzt aufgeführt werden, nicht
gegen diese Spiele selbst; ich freue mich im Gegentheil
von ganzem Herzen, daß trotz aller Unvollkommenheit
dieser Spiele, im Volke noch so große Liebe für sie herrscht;
es ist etwas Volksthümliches, und wir in Sachsen sind
nicht so reich an wahrhaft volksthümlichen Gebräuchen,
daß wir nicht Ursache hätten, Alles, was davon noch
vorhanden ist, zu schonen und mit sorgsamer Hand zu
pflegen. Und pflegen möchte ich diese Schauspiele, weil
ich glaube, daß sie bei rechter Pflege in ganz anderer
Weise gedeihen können wie jetzt. Das Weihnachtsschau=
spiel ist jetzt ein wilder Apfelbaum, dessen Früchte nur
einem gar nicht verwöhnten Gaumen munden; da wollen
die Einen ihn ausrotten, damit er nicht nutzlos die
Kraft aus dem Boden saugt und den Früchten auf dem
Felde nur Schatten macht. Da sagt aber ein Gärtner:
„Wäre doch schade um den schönen Baum, ich will lieber
machen, daß er gute Früchte trägt, an denen sich Alt
und Jung erfreuen kann. Und nun schneidet er die dürren
Aeste und die allzu üppigen Zweige weg und pfropft den
Baum, und der Baum nährt mit seinem Safte die Pfropf=
reiser, die schlagen lustig aus, und nach einiger Zeit blüht
der Baum, bald beginnt er Früchte zu tragen, und von
Jahr zu Jahr mehr, und nun freut sich Alles, daß man
dem ersten Rathe nicht gefolgt ist, den Baum auszurotten.

Wollen also auch wir sehen, ob sich die Weihnachts=
spiele nicht reformiren lassen, so daß Niemand, auch die
Polizei nicht, etwas dagegen einzuwenden haben kann,
sondern daß sich Hoch und Niedrig, Alt und Jung an
ihnen erfreuen und erbauen kann. Wohlgemerkt, die
Weihnachtsspiele an und für sich sind nicht verboten, son=
dern nur ihre Darstellung durch Leute, die es um des
Gelderwerbs willen thun, und namentlich das Herumziehen
von Haus zu Haus, von Ort zu Ort. Diese beiden
Uebelstände müssen also zuerst beseitigt werden.

Wer soll also denn erstens das Weihnachtspiel auf=
führen? Nun, vor allen Dingen nicht solche Leute, welche
es des Erwerbs wegen thun, auch nicht solche, denen die

Fähigkeit dazu fehlt. An vielen Orten, selbst in Dörfern, gibt es Gesangvereine, welche die edle Kunst des Gesanges pflegen, nicht um Geld damit zu verdienen, sondern aus Liebe zum Gesange selbst und weil es sie freut, wenn sie durch ihre Kunst andern Leuten Freude und ihrer Gemeinde Ehre machen. Solche Leute sollen es sein, welche das Weihnachtsspiel aufführen, und wo ein Gesangverein besteht, könnte am besten dieser die Sache in die Hand nehmen; denn das Weihnachtsspiel selbst ist im Wesentlichen eine Aufführung von Weihnachtsgesängen, die nur durch die Handlung noch eindringlicher gemacht werden sollen. Wo kein solcher Gesangverein besteht, und gleichwohl Lust zur Aufführung des Weihnachtsspiels vorhanden wäre, müßte sich ein gebildeter, musikalisch befähigter Mann, am besten der Cantor, an die Spitze stellen, müßte die aus der Gemeinde oder der Nachbarschaft herauslesen, welche dazu taugen und Lust zur Sache haben, und das müßten auch ehrbare, in gutem Rufe stehende, möglichst gebildete Leute sein, und so würde sich denn ein Verein bilden, der dann auch in der Folgezeit als Gesangverein beisammenbleiben und sich schon im Voraus wieder für die nächsten Weihnachten einüben könnte, damit das Spiel von Jahr zu Jahr vollkommener würde.

Wenn oben gesagt ist, daß die Darsteller des Weihnachtsspiels es nicht des Geldes wegen thun sollen, so ist damit nicht gemeint, daß die Aufführungen so öffentlich stattfinden sollen, daß jeder zusehen kann, wer Lust hat. Nein, denn erstens würde dann der Zudrang, namentlich der Kinder und derer, die nichts haben, so groß werden, daß vielleicht anständige Leute gar nicht hingingen, und zweitens lehrt die Erfahrung, daß die Leute das, was sie gar nichts kostet, auch gar nicht schätzen. Es soll also ein Eintrittsgeld verlangt werden, wie es ja auch sonst geschieht, wenn ein Gesangverein ein öffentliches Concert gibt. Das einkommende Geld soll dann in die Gesellschaftskasse kommen und zur Deckung der Kosten, zur Instandhaltung und Verschönerung der Bühne, zur Anschaffung der Kleidungen verwendet werden. Es wird auch durchaus keinen Anstoß erregen, wenn ein Theil der Einnahme dazu verwendet wird, daß solchen Mitgliedern des Weihnachtsvereins, die zum Mitwirken besonders befähigt sind, die aber Gott nicht mit zeitlichen Gütern gesegnet hat, eine Entschädigung für ihre aufgewendete Zeit und Mühe gereicht wird. Am besten aber wäre es, wenn der Ueberschuß der Einnahme zu einem guten Zwecke, für eine gemeinnützige oder wohlthätige Anstalt verwendet würde, ungefähr so, wie es in Oberammergau geschieht.

Da aber die Aufführung des Weihnachtsspiels nicht des Gewinnes wegen geschieht, so wäre es gut, wenn Einmal im Jahre eine Vorstellung für die Armen, namentlich für die armen Kinder, ganz umsonst oder für ein ganz geringes Eintrittsgeld gegeben würde, damit diese, bei denen ja ohnedies von Christbescheerung kaum die Rede ist, auch eine Weihnachtsfreude hätten.

Ferner fragen wir nun: „Wo soll gespielt werden?" Also nicht im Herumziehen von Haus zu Haus, wozu sich auch solche Leute, aus denen wir uns den Weihnachtsverein bestehend denken, gar nicht hergeben würden, sondern an einem bestimmten Orte, und das muß nun natürlich ein Saal sein. Den werden wir in der Regel, wenigstens auf Dörfern, nur in einem Gasthofe finden. Könnten wir einen andern Saal finden, als den Tanzsaal, so wäre es gut; es hat aber auch wenig Bedenken, wenn es nicht anders geht, den Tanzsaal zum Schauplatz zu machen. Der liebe Gott ist ja überall, also auch auf dem Tanzsaal, und wo der liebe Gott ist, darf auch das Weihnachtsspiel aufgeführt werden. Es wird ohnedies Niemand von den Zuschauern beim Anschauen des Christspiels daran denken, daß an demselben Orte sonst getanzt wird; viel eher könnte man annehmen, daß den Burschen und Mädchen auf dem Tanzsaale die Erinnerung an das Weihnachtsspiel käme, das sie hier gesehen haben, und das würde recht gut sein. Nur das dürfte nicht geduldet werden, daß nach dem Ende des Spiel's etwa die Zuschauer im Saale blieben und hier Karte zu spielen und zu trinken anfingen; der Saal muß nach der Vorstellung geschlossen werden, und der Wirth darf auf dem Saale überhaupt keine Getränke verabreichen, was ja auch in einem anständigen Concerte nicht geduldet wird. Uebrigens müßte die Polizei ohnedies von dem Spiele benachrichtigt werden und würde Unordnungen zu verhüten wissen.

An der einen Seite des Saales, die dazu am meisten

geeignet wäre, müßte nun eine Art von Bühne für das Schauspiel errichtet werden. Es wäre freilich recht schön, wenn man diese so ausschmücken könnte, wie in den großen Theatern, daß man z. B. bei der Scene, wo die Hirten auf dem Felde die Verkündigung des Engels hören, im Hintergrunde auf einem Berge die Stadt Bethlehem sähe, dann in den Auftritten, wo Joseph und Maria mit dem Neugebornen auf der Bühne sind, das Innere eines Stalles, dann wieder das prächtige Zimmer des Königs Herodes erblickte. Das würde aber viel Geld kosten, und so müssen wir uns vorläufig, so lange unser Weihnachtsverein noch keinen großen Cassenbestand angesammelt hat, mit einer ganz einfachen Schaubühne begnügen.

Diese wäre am leichtesten so herzustellen. Es wird von Bretern, die auf hölzernen Böcken ruhn, ein erhöhter Fußboden aufgebaut, der mit Teppichen oder etwas Aehnlichem bedeckt wird, die vorne bis auf den Boden herabhängen, damit man nicht unter den erhöhten Fußboden hineinsehen kann. Die Bedeckung ist außerdem nothwendig, damit die Tritte der Spielenden auf den Bretern nicht zu sehr poltern. Vorne ziemlich am Ende des erhöhten Fußbodens wird oben an der Decke des Saales von einer Wand zur andern eine lange Stange befestigt, von der ein aus drei Theilen bestehender Vorhang von rothem Cattun bis auf den erhöhten Fußboden herabhängt und die Bühne in ihrer ganzen Breite verdeckt. Die beiden äußeren Theile dieses Vorhangs rechts und links müssen unten mit einem Eisenstabe beschwert oder festgemacht sein, der mittelste, breiteste Theil aber muß mit zwei Schnuren versehen sein, die auf der inwendigen Seite des Vorhanges oben an der Stange befestigt sind, dann bis auf den Boden herab- und auf der äußern Seite des Vorhangs wieder emporgehen, in der Mitte der Höhe aber zusammengeknüpft sind und nun als Doppelschnur wieder über die Stange weggehen, so daß, wenn man die Schnur zieht, der Vorhang in die Höhe gezogen und gardinenförmig zusammengerafft wird, so daß der Vorhang geschlossen so aussieht:

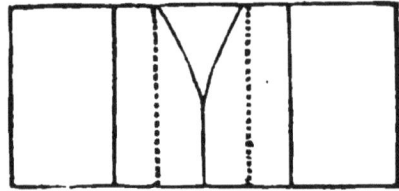

(Die punctirten Linien zeigen, wie die Schnur auf der Rückseite angebracht ist.)

aufgezogen aber so:

Da diese Bühne keine große Tiefe zu haben braucht, so bedarf es der sogenannten Coulissen an der Seite nicht; es bleibt also nur die hintere Wand der Bühne übrig. Ist die Wand des Saales weiß oder sonst einfarbig und sauber, so genügt es, wenn sie mit geschmackvoll angebrachten Tannenzweigen geschmückt wird; ist sie aber bemalt oder beschädigt, oder ist auf der Seite, wo die Bühne gebaut werden soll, das Orchester angebracht, so muß auch hinten die Bühne durch einen Vorhang, am besten von mattrothem Cattun, weil sich diese Farbe als Hintergrund besonders gut ausnimmt, abgeschlossen werden. Der Raum unter dem Orchester kann den Darstellern als Aufenthalt dienen, wann sie nicht auf der Bühne sind.

So hätten wir unsere Bühne, für das erste Bedürfniß gut genug, fertig, und zwar mit wenig Kosten, zumal der Cattun immer noch brauchbar bleibt. Außerdem brauchen wir nur eine hölzerne Krippe, eine längere hölzerne Bank und zwei kleine und einen möglichst schönen Armsessel, diese Gegenstände aber wird man leicht geborgt erhalten.

Diese Bühne reicht aus, wo die Darsteller zugleich der Chor sind, welcher zwischen den einzelnen Handlungen die Weihnachtslieder singt. Dieser ist dann während des Gesanges hinter dem Vorhang, und man sieht die Sänger also nicht. Es würde sich aber viel schöner ausnehmen, wenn es außer den Darstellern noch einen besondern Sängerchor gäbe, der dann seinen Platz zwischen der Bühne und den Zuschauern zu beiden Seiten hätte, so daß die eine Hälfte rechts, die andere links stände. Weil aber bei einzelnen Gesängen, die während der Handlung gesungen werden, der Chor im Innern der Bühne sein muß, so muß dann für den Chor, damit dieser hineinkann, auf jeder Seite eine kleine Treppe angebracht werden, die auf den erhöhten Fußboden führt, und der Vorhang muß so eingerichtet werden, daß auf jeder Seite ein hinreichend breiter Raum frei bleibt; dieser leere Raum muß aber wieder bedeckt werden durch ein weiter einwärts von oben bis unten reichendes Stück Stoff, so daß der Vorhang in seinen fünf einzelnen Theilen im Querdurchschnitt so aussieht:

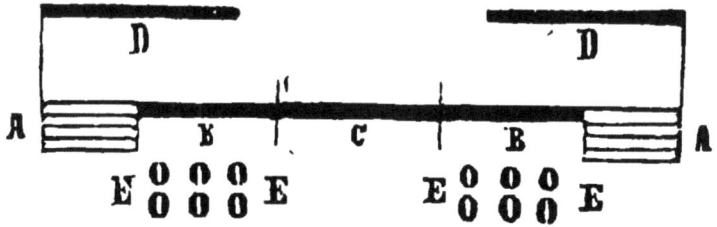

A. A. Kleine Treppen.
B. B. Die nicht aufziehbaren Theile des Vorhangs.
C. Der aufziehbare Vorhang.
D. D. Von der Decke bis auf den Fußboden reichende schmale Vorhänge, am Boden befestigt.
E. E. E. E. Plätze für den Chor.

Es entsteht nun drittens die Frage: Was soll gespielt werden? Nun, das Weihnachtsspiel, das wissen wir ja. Aber welches denn? Eines von denen, die wir oben geschildert haben? Ich glaube nicht, wir müssen uns wohl entschließen, ein neues Stück aufzuführen, in dem alles Gute und Schöne, was in den frühern Stücken enthalten war, beibehalten, alles Verkehrte und Geschmacklose beseitigt ist, wo möglich ein Stück, das den Gebildeten befriedigt, das dem Ungebildeten gleichwohl nicht zu hoch und nicht unverständlich ist, womöglich ein Stück, an dem sich die Zuschauer erfreuen und erbauen können. In wieweit diese Anforderungen in dem Stücke, das unten zur Probe mitgetheilt ist, Befriedigung finden, kann natürlich der

Verfasser nicht entscheiden. Es enthält die Begebenheiten, welche sonst von der Königschaar dargestellt wurden, und auch die Personen sind dieselben, nur ist der Wirth weggeblieben, und außer Herodes Diener, Laban, tritt noch ein Hauptmann auf. Ich will nun für Diejenigen, welche etwa das Stück aufzuführen gedenken, noch einige Fingerzeige über jede einzelne Rolle geben, und zwar in der Reihenfolge, wie die Personen auftreten.

Das Stück eröffnet der Chor mit dem Sternliede. Ich habe schon oben gesagt, daß der Chor, wo es an der hinreichenden Zahl tauglicher Personen fehlt, auch von den Darstellern selbst vertreten werden kann, die dann die Lieder den Zuschauern unsichtbar hinter dem Vorhang singen. Ein guter Theil der Wirkung geht aber dadurch verloren; deshalb ist es wünschenswerth, daß für die Ausführung der Gesänge ein besonderer Chor gebildet wird. Dieser würde am zweckmäßigsten aus zwölf Personen bestehen, und es ist dem musikverständigen Leiter der Aufführung überlassen, ob er gemischten Chor oder nur Männerchor anwenden will. Dieser Chor spielt nicht mit, er ist selbst mit Zuschauer und hat die Aufgabe, die Empfindungen, welche im Zuschauer vorausgesetzt werden, im Gesang auszusprechen. Er trägt deshalb auch keine andere Kleidung, als die landesübliche Festtagstracht, es ist aber wünschenswerth, daß die Personen des Chors möglichst gleichmäßig gekleidet gehen.

Anfangs stehen beide Hälften des Chores paarweise zu beiden Seiten der Bühne, wie in der Zeichnung auf der vorigen Seite angegeben ist. Ist es ein gemischter Chor, so stehen die Männer auf der rechten, die Frauen auf der linken Seite. Wenn das Zeichen zum Anfange gegeben ist, so schreiten alle einige Schritte vor und ordnen sich in eine lange Reihe vor dem Vorhang, die Gesichter gegen die Zuschauer gewendet. Nun beginnen sie das Lied. Bei der Stelle: „Wir folgen Dir so gern," machen die beiden Halbchöre eine Wendung, so daß sie die Gesichter einander zukehren, und fangen an zu gehen, so daß sie an einander vorüberschreiten und der rechte Halbchor auf der linken, der linke Halbchor auf der rechten Treppe in das Innere des Theaters zieht, daß also die letzten Worte des Gesanges schon im Innern der Bühne gesungen werden.

Wenn dann im Stücke gesagt ist, daß der Chor wieder herauszieht, so kommt der rechte Halbchor von der linken, der linke Halbchor von der rechten Treppe herunter, so daß sie vor dem Vorhange an einander vorübergehen, was stets so geschieht, daß jeder Halbchor an der linken Seite des andern vorüberzieht.

Es wäre wünschenswerth, wenn der Chor seine Gesänge, die natürlich aus dem Kopfe, nicht vom Notenblatt gesungen werden dürfen, mit entsprechenden Mienen und Bewegungen begleitete; das wird aber seine Schwierigkeit haben, denn man findet bei uns in Deutschland wenig Sinn und Geschick für das Verdeutlichen der Worte durch Bewegungen. Es dürfte auch nicht übertrieben werden, es ist besser zu wenig als zu viel Bewegungen machen, und wo Niemand im Stande ist, Unterweisung in angemessenen Bewegungen zu geben, da unterbleibt es besser. Einzelne sprechende Bewegungen aber werden in jedem Falle zweckmäßig sein. So z. B. wird es gewiß nicht wirkungslos sein, wenn bei den Worten des zweiten Chorgesangs: „Jesus erschien, lehrte den Menschenhaß flieh'n, lehrte die Brüder uns lieben," jeder seinem Nachbar die Hand reicht, so daß sie alle zwölf eine Reihe Hand in Hand bilden. Dies nur zum Beispiel; an andern Stellen würden andere Bewegungen eben so wirkungsvoll sein.

Nun zu den Personen des Spieles selbst. Zuerst treten die drei Hirten **Elieser**, **Ruben** und **Simon** auf. Diese stellen den in der allgemeinen Sittenverderbniß noch unverdorben gebliebenen Theil des jüdischen Volkes dar, der auf einen Messias hofft, jeder Einzelne aber vertritt eine andere Seite des Volkslebens. **Elieser** ist ein ächter gläubiger Israelit von altem Schrot und Korn, dem das Herz ergrimmt über die Verderbniß seines Volkes und der an der Zukunft verzweifelt, der aber dann, wie er hört, daß der Heiland geboren sei, im tiefsten Gemüthe von der Gnade Gottes ergriffen wird; es ist ein alter, aber noch kräftiger Mann. **Ruben** ist mehr eine schwärmerische Natur, er stellt das ahnungs- und sehnsuchtsvolle Gemüth des Volkes dar. Solche ahnungsvolle und nicht zweifelnde Gemüther haben gewöhnlich die Fähigkeit, das Kommende vorauszusehen, und deshalb sieht auch Ruben zuerst den Stern und erblickt zuerst den Engel.

Er ist noch ein Jüngling. Simon stellt die Thatkraft des Volkes dar, deshalb ist er etwas derb, er möchte am liebsten zuschlagen; der Darsteller muß sich hüten, daß er das nicht übertreibt. Er ist ein noch junger, kräftiger Mann.

Der Engel der Erbarmung kann von einem Mädchen oder einem jungen Manne dargestellt werden. Im Stücke ist gesagt: „Der Engel erscheint auf einem Felsblocke stehend." Das wird so gemacht: Eine nicht zu kurze Bank wird an der linken Seite der Bühne so gestellt, daß die Zuschauer nur einen Theil davon sehen; an diesem Theil wird ein Stück Pappe befestigt, welches so bemalt ist, daß es wie ein Felsblock aussieht. Der Engel steht nun schon vorher auf dem Theile der Bank, den die Zuschauer nicht sehen, und schreitet nun, wenn Ruben die Worte gesprochen hat: „Schlaft, Brüder, wohl, ich wache noch," schnell auf der Bank vor, so daß er für die Zuschauer plötzlich auf dem Felsblocke zu stehen scheint. Genau gleichzeitig muß auch das bengalische Feuer angezündet werden. Eben so schnell tritt dann der Engel rückwärts zurück, so daß er den Zuschauern wieder verschwindet.

Maria, die in der zweiten Handlung erscheint, stellt das Mutterherz in seiner tiefsten und innigsten Liebe dar. Sie muß von einem recht gemüthvollen, sittsamen Mädchen vorgestellt werden.

Joseph ist ein schlichter, biederer, frommer Mann; es ist unschön, ihn als einen gebückten und hustenden Greis darzustellen, wie es sonst geschieht; seine Rolle mag durch einen Mann in mittlerem Alter vertreten werden.

Herodes ist der Gegensatz zu den drei Hirten; er vertritt das sittlich verkommene, selbstsüchtige, glaubenslose Judenthum, das gar keinen Heiland mag, weil es sich in seiner sittlichen Verdorbenheit recht wohl zu befinden glaubt. Er spielt den Freigeist und ist trotz seines hohen Titels eine durchaus gemeine Natur, geldgierig, mißtrauisch, grausam. Er ist auch gar kein rechter König, der ein Herz für sein Volk hat, sondern nur ein von den Römern eingesetzter Beamter mit dem Königstitel, der für die Römer den Tribut eintreibt und wie alle römischen Statthalter die Gelegenheit benutzt, um selbst so viel als möglich zu erpressen. Er ist ein alter Mann mit grauen Haaren.

Sein Diener Laban ist eine mehr drollige Figur,

ein kleiner pfiffiger Mensch von mittlerem Alter, beweglich, mit trippelndem Gang. Wenn er hinter den drei Weisen steht, wo diese zu Herodes sprechen, muß er in komisch neugieriger Weise zuhören, namentlich muß er den schwarzen in Verwunderung anstarren.

Dem König Herodes, der sich in Positur gesetzt hat, um im Aeußern die Würde sich zu geben, die ihm im Innern fehlt, treten nun die ehrfurchterweckenden hohen Gestalten der **drei Weisen** entgegen. Sie sind die Vertreter des ebenfalls nach Erlösung verlangenden Heidenthums. Es sind keine Könige, denn diese im Mittelalter entstandene Auffassung streitet mit der heiligen Schrift, die sie Magier nennt; Magier aber hießen die Priester der Perser, die im Rufe tiefer Weisheit in der Sternkunde und Weissagung standen. Gegen die innere Würde dieser Männer kann sich die äußerlich erkünstelte des Herodes nicht behaupten, selbst seine Ausdrucksweise ist im Vergleich zu der schwungvollen Sprache der drei Weisen alltagsmäßig. Die Darsteller müssen, wenigstens Kaspar, von großer Gestalt sein; der dritte ist schwarz, ein Vertreter von Afrika.

Rabbi Mose hat eine kurze und leichte Rolle, die weiter keiner Erklärung bedarf, ebenso der **Hauptmann des Herodes**.

Der am Schlusse erscheinende **Engel des Zorns** muß von einem jungen, bartlosen, möglichst großen Mann mit kräftiger, aber nicht rauher Stimme dargestellt werden. Er drückt den Gedanken aus, daß Gottes Zorn im Grunde nichts Anderes ist, als die den Sünder zur Buße rufende Liebe. Deshalb spricht er erst gewaltig, strafend, niederschmetternd; dann, wenn Herodes auf das Angesicht niedergestürzt ist, beginnt er nach der kleinen Pause wieder in sanftem Ton, der immer dringender wird, und am dringendsten in den drei, mit gehobenen und ausgebreiteten Armen zu sprechenden, Schlußzeilen. Von der guten Durchführung dieser Rede wird ein großer Theil der Wirkung des Stückes abhängen.

So viel über die Personen. Aber wie ist es denn mit dem Christkinde? Das ist ja eigentlich die Hauptperson. Nun, das soll weder durch eine Puppe, noch durch ein lebendes Kind dargestellt werden. In den beiden

Handlungen, wo es vorkommt, liegt es in der Krippe, und der Zuschauer braucht es also nicht zu sehen. Die Krippe wird mit einem weißen Tuche bedeckt, aber so, daß oben, wo man sich den Kopf des Kindes denkt, ein Stück unbedeckt bleibt. An dieser Stelle wird in das Innere der Krippe eine kleine Lampe gesetzt, von der die Zuschauer nur die schwachen Lichtstrahlen sehen, so daß Maria, wenn sie sich über die Krippe beugt, im Gesichte von dem Lichte sanft beschienen wird, wie in dem berühmten Gemälde der Dresd'ner Gallerie, „Die heilige Nacht," wo alles Licht, das die Personen erleuchtet, von dem Kinde ausgeht. Es ist überhaupt sehr zu empfehlen, bei der Anordnung der einzelnen Scenen, der Aufstellung der Personen u. s. w. gute Bilder, wie sie den Darstellern gerade zu Gebote stehen, zu Rathe zu ziehen, damit wo möglich jede einzelne Scene des Stückes ein schönes Bild gewährt.

Zum Schluß nun noch ein Wort über die **Kleidung**. Es ist nicht nöthig und würde vielleicht nicht einmal gut sein, alle Personen so gekleidet gehen zu lassen, wie man zu Christi Zeiten im Morgenlande gekleidet ging; es würde das den Zuschauern fremd vorkommen. Die Personen, welche unsern Herzen am nächsten stehen, Maria, Joseph und die Hirten, dürfen keine gar zu fremdartige Kleidung tragen. **Maria** trägt ein langes, vielleicht blaues Kleid, um die Hüften eine Schärpe, auf dem Kopfe ein weißes, schleierartiges Tuch, das hinten ziemlich lang herabfällt; **Joseph** trägt dunkelfarbige Beinkleider, ein Wamms und einen Mantelkragen, auf dem Kopfe einen dreieckigen Hut; die **Hirten** graue Beinkleider, Wämser von beliebiger Farbe, **Elieser** einen langen grauen Mantel, **Ruben** und **Simon** blos Mantelkragen, die am Halse zusammengeknöpft sind; alle drei tragen spitze Hüte mit breiten Krämpen, ungefähr wie Tyrolerhüte; **Ruben** trägt ihn mit Blumen geschmückt, **Simon** mit Hahnenfedern, **Elieser** ohne allen Schmuck. Daß bei ihrem zweiten Auftreten Ruben seine Schalmei, Simon seinen Hirtenstab mitbringt, ergiebt das Stück; das Lamm braucht Elieser nicht mitzubringen, er sagt nur, daß er es dem Neugebornen schenken werde, und man kann sich denken, daß er es noch nachbringen wird.

Herodes trägt weiße, weite, unten zusammengebundene Beinkleider und Schnürstiefeln, einen violetten, goldgestickten Sammetrock mit vorne weiten Aermeln, drüber einen kurzen, rothen Königsmantel, Alles möglichst prächtig. Die Krone, die er erst aufsetzt, ehe die Weisen auftreten, ist ein breiter Goldreif, oben mit spitzugehenden Zacken.

Laban kann als eine komische Figur, eine Art Hofnarr, auch eine komische Tracht haben. Er trägt ein kurzes Mäntelchen, kurze Jacke und weite, unten zusammengebundene Beinkleider, die alle aus zwei verschiedenfarbigen Hälften zusammengesetzt sind, und zwar die rechte Seite am besten gelb, die linke roth, so daß er von der einen Seite gesehen ganz gelb, von der andern ganz roth, von vorn oder hinten gesehen halb gelb, halb roth aussieht.

Der Hauptmann trägt einen aus Brust- und Rückenstück bestehenden Panzer von Pappe, mit Silberpapier überzogen; die beiden Stücke sind unter den Armen zusammengebunden. Unter dem Panzer trägt er einen rothen, bis auf die Knie reichenden Schurz, an den Beinen eng anliegende Lederhosen und Halbstiefeln, auf dem Kopfe einen Helm, an der Seite ein kurzes Schwert.

Rabbi Mose trägt einen langen, schwarzen Talar, mit weißer Schärpe umgürtet, auf dem Kopfe eine hohe viereckige Mütze von Pappe, die nach oben breiter wird.

Von den drei Weisen tragen Kaspar und Melchior lange weiße Gewänder mit schwarzen Schärpen, auf dem Kopfe weiße, mit rothen Schnuren besetzte Turbane. Der schwarze, Balthasar, geht ebenso gekleidet, nur ist die Farbe des Gewandes und des Turbans gelb, die Schärpe roth, weil dies besser für seine Gesichtsfarbe paßt.

Die beiden Engel tragen lange weiße Gewänder mit Flügeln. Der Engel der Erbarmung trägt dazu eine lang herabhängende Schärpe von rosenrothem Band, auf dem Haupte einen Kranz von Rosen, weil er den Frühling verkündigt, der mit Christi Geburt der Welt anbricht; die Haare hängen in langen Locken herab. Bei seiner zweiten Erscheinung, wo er ein Traumbild darstellt, trägt er statt des Rosenkranzes einen Kranz von Mohnblättern mit Mohnhäuptchen. Der Engel des Zorns trägt eine dunkelrothe, breitere Schärpe und eine hohe Krone von Goldpapier, oben mit kleeblattförmigen Spitzen. Er kann dazu auch Schuhe mit hohen Absätzen tragen, damit seine Gestalt recht hoch erscheint.

Dies Alles, was ich über die Kleidung gesagt, ist übrigens nur als Vorschlag zu betrachten. Je nach den Umständen und dem Geschmack der Darsteller kann im Einzelnen wohl auch Manches geändert werden.

Außer dem, was die Zuschauer sehen, gibt es aber auch noch Manches zu thun, was die Zuschauer nicht sehen dürfen. Dahin gehört z. B. das Aufziehen und Niederlassen des Vorhanges, für das sich Jemand einüben muß, damit es immer genau zu rechter Zeit geschieht. Das kann Laban besorgen, der niemals zu Anfang oder zu Ende auf der Bühne ist. Ferner das Stellen der Krippe und der Bank vor der zweiten und vierten Handlung; das kann am besten Joseph während des Gesanges besorgen. Ferner das Herein- und Hinausschaffen des Armsessels vor und nach der dritten Handlung; das können die Hirten thun, die Krone kann sich Herodes selbst bereit legen. Namentlich ist aber das Anzünden des bengalischen Feuers in der ersten und letzten Handlung mit Sorgfalt zu bewirken. Die Zuschauer dürfen natürlich nur den magischen Glanz dieses Feuers sehen, nicht das Feuer selbst. Die brennbare Masse muß entweder in Patronen gefaßt oder in einem Streifen auf ein Blech aufgeschüttet werden, und die Länge der Patrone oder des Streifens muß so berechnet sein, daß das Feuer so lange brennt, als der Engel spricht. Bei der ersten Handlung muß möglichst sparsam mit dem bengalischen Feuer umgegangen werden, damit nicht zu viel Dampf entsteht. Falls nach dem Beginn des Gesanges der himmlischen Heerschaaren, ehe Ruben spricht: „Ha, welcher Glanz! Er kam und er verschwand," das Feuer noch nicht erloschen ist, muß schnell etwas darüber gedeckt werden. Bei der letzten Scene schadet es nichts, wenn es noch fortbrennt, weil der Vorhang zu Ende des Stückes schnell fällt; es darf nur nicht früher verlöschen. Daß mit dem Anzünden ein vorsichtiger Mann betraut wird, versteht sich von selbst.

Und so lassen wir denn in Gottes Namen das Stück selbst folgen.

Weihnachtsfestspiel.

Der Chor, in einer Reihe vor dem Vorhang stehend, singt nach der Melodie: „Es ist ein' Ros' entsprungen," sehr sanft und zart das

Sternlied.

Am Himmel ist, dem dunkeln,
 Wohl um die Mitternacht
Ein Stern mit hellem Funkeln,
 Ein Wunderstern erwacht.
Wie leuchtet der so rein!
 Er strahlt wie Gottes Liebe
In unser Herz hinein.

O Stern der ew'gen Gnade,
 Der uns gesand't vom Herrn,
Erleuchte unsre Pfade,
 Wir folgen Dir so gern.
Erfüllt ist nun die Zeit,
 Du, Stern, willst uns verkünden
Die künft'ge Herrlichkeit.

Während der letzten vier Zeilen des Gesanges ist der Chor in das Innere der Bühne gezogen. Wenn der Gesang verstummt, hebt sich der Vorhang und es beginnt die

Erste Handlung.

Man sieht die drei Hirten auf dem Felde. Simon und Elieser schlafen, Ruben steht zwischen ihnen auf seinen Stab gelehnt und erblickt eben den Stern.

Ruben.

Auf! Simon! Elieser! Seht,
Was ist das für ein Stern voll Pracht,
Der über Bethlehem dort steht,
Daß fast zum Tage wird die Nacht.
Ihr Brüder, schaut!

Simon (schlaftrunken).

   Was ficht Dich an?
Noch ist vorbei nicht Deine Wacht.

Ruben.

Schau nur nach Bethlehem hinan!

Simon (aufstehend.)

Ah! dieser Stern! O welche Pracht!
He! Elieser!

Elieser,
(der sich bei Rubens erstem Rufe halb aufgerichtet hat.)

Bin schon wach!

Ruben.

Siehst Du den Stern auch, der dort steht?

Elieser.

Ich sehe ihn und denke nach. (Steht ebenfalls auf.)
Denn dieser Stern ist ein Komet,
Und wißt Ihr, ein Kometenstern,
Das ist ein Wunder von dem Herrn,
Der hatte noch zu allen Zeiten
Ein groß Ereigniß zu bedeuten.
Was bringt uns der?

Simon.

Was wird er bringen?
Der Römer wird ein neues Land,
So wie er uns gethan, bezwingen;
Denn diese Welt von Rand zu Rand
Und Geld und Gut und Land und Leute
Ist nun einmal des Römers Beute.

Ruben.

Ja leider Gottes ist es so,
Und was von Juda's schönen Tagen,
Von seinem Glanz die Alten sagen,
Das macht uns heute nicht mehr froh.
An Salomonis Herrlichkeit
Seh'n wir ja nur, was wir verloren.
O käme doch die schöne Zeit,
Wo der Messias wird geboren,
Den für die Zeit der größten Schmach
Einst unsern Vätern Gott versprach.
O komme, komme, Davids Sohn,
Der alles unser Elend wendet,
Der wieder aufbaut Davids Thron,
Und dessen Herrlichkeit nie endet.
Ich will Dein treuer Diener sein.

Simon.

Ja, käme er in unsern Tagen,
Und gält's, die Römer todtzuschlagen,
Ich schlüge lustig auch mit drein.

Elieser.

Den Feind, der unser Volk zerstört,
Den trefft Ihr nicht mit Spieß und Schwerdt.
Käm' heute der Verheiß'ne gleich,
Um aufzubau'n sein ewig Reich,
Wo fänd' er denn ein Volk bereit,
Das werth ist solcher Herrlichkeit?
Und soll ich Euch die Ursach' sagen,
Warum uns Gottes Zorn geschlagen?
Die Sünde nur ist unser Feind,
Und nicht der Römer, wie Ihr meint.
Um zu bestrafen unsre Sünden,
Gab Gott dem Römer die Gewalt;
Wenn Gott sein Volk wird wiederfinden,
Dann endet auch das Unglück bald.

Simon.

Schon wahr, man findet wenig Tugend
Und wenig Gottesfurcht und Zucht,
Bei Alten nicht, nicht bei der Jugend,
Und schlechter Baum trägt schlechte Frucht.

Elieser.

Sonst, in der alten guten Zeit,
Wie uns die heil'gen Schriften sagen,
Da war ein Jeder gern bereit,
Das Leben selbst daranzuwagen,
Um seine Brüder zu erretten
Von Feindesnoth und Schmach und Ketten.
Jetzt denkt ein Jeder nur an sich,
Und kann er einen Vortheil finden,
Und wär' es auch durch Schmach und Sünden,
So greift er zu recht freudiglich.
Nach seiner Brüder Wohl zu streben
Scheint thöricht, denn es trägt nichts ein,
Und für sein Volk wohl gar das Leben
Zu opfern, nein, das kann nicht sein.

Was soll aus solchem Volke werden?
Mit Israel ist's aus auf Erden.
Kommt, laßt uns wieder schlafen legen!
(Elieser und Simon legen sich wieder schlafen.)

Ruben.

O brächtest Du dort, schöner Stern,
Uns wieder unsern alten Segen
Und neue Gnade von dem Herrn!
Schlaft, Brüder, wohl, ich wache noch.

(Eine kleine Pause. Plötzlich wird die Bühne mit weißem Feuer erleuchtet. Zugleich erscheint der **Engel der Erbarmung** auf einem Felsblock stehend.)

Der Engel.

Fürchtet Euch nicht!
Denn siehe, ich verkündige Euch große Freude,
Die allem Volke widerfahren soll.
Denn Euch ist heute der Heiland geboren
In der Stadt David's,
Welcher ist Christus der Herr.
Und das habt zum Zeichen:
Ihr werdet finden das Kind in Windeln gewickelt
Und in einer Krippe liegend. (Der Engel verschwindet.)

Gesang der himmlischen Heerschaaren.

Ehre sei Gott in der Höhe und Friede auf Erden
Und den Menschen ein Wohlgefallen!

Ruben,

(der während der Erscheinung bestürzt dagestanden und die Hand vor die Augen gehalten hat.)

Ha, welcher Glanz! Er kam, und er verschwand.
Und welche Worte! Welcher Himmelsklang!

Simon

(hat während der Erscheinung mit Zeichen des Schreckens sich halb aufgerichtet und ist während Rubens Worten schnell aufgesprungen).

Was war das? Wenn das Wort ich recht verstand,
So wies nach Bethlehem es unsern Gang.

Elieser

(hat ebenfalls halb aufgerichtet mit erhobenen Händen nach

der Erscheinung hingeblickt und ist bei ihrem Verschwinden aufgestanden).

Wohlan, um schnell die Wahrheit zu ergründen,
Laßt seh'n, ob wir den Heiland wirklich finden.

Der Gesang der Engel, der bis jetzt immer leiser werdend fortgeklungen hat, verhallt ganz leise, wie in der Ferne; der Vorhang fällt. Der Chor beginnt noch hinter dem Vorhang das nachfolgende Lied und kommt bei den Worten „Der Herr ist geboren" rechts und links die Treppen herab; die beiden Halbchöre gehen vor der Bühne an einander vorüber, machen, an ihren ursprünglichen Plätzen angekommen, eine Schwenkung einwärts und stellen sich in Einer Reihe vor dem Vorhang auf.

Chorgesang.
Mel.: Lobet den Herrn, den mächtigen König der Ehren.

1. Ehre sei Gott in der Höhe! Der Herr ist geboren,
Sündern zum Heiland vom Höchsten aus Gnaden erkoren.
Lasset uns sein
Dankvoll, ihr Christen, uns freu'n;
Ist er nicht uns auch geboren?

2. Dunkel bedeckte den Erdkreis, und ängstiglich irrten
Völker umher, wie die Heerden, verlassen vom Hirten.
Jesus erschien:
Nächte verschwanden durch ihn,
Die auch den Weisen verwirrten.

3. Menschen, berufen, sich unter einander zu lieben,
Folgten der Zwietracht und Bitterkeit schändlichen Trieben.
Jesus erschien,
Lehrte den Menschenhaß flieh'n,
Lehrte die Brüder uns lieben.

4. Wohlthun und Segen nur folgten des Göttlichen Schritten,
Trost und Erquickung trug er in der Leidenden Hütten;
Selbst Er, ihr Freund,
Hatte vielfältig geweint,
Selber geduldet, gelitten.

5. Ehre sei Gott in der Höhe! Ein ewiges Leben
Hat er durch ihn, seinen Sohn, uns erbarmend gegeben.
Bis in das Grab
Stieg er vom Himmel herab,
Einst uns zum Himmel zu heben.

6. Wohl mir, wenn ich dann ihn, meinen Erretter, auch sehe
Und mit den Schaaren Vollendeter ewig erhöhe.
Völlig beglückt
Sing' ich dann himmlisch entzückt:
Ehre sei Gott in der Höhe!

Indem der Chor an die ursprünglichen Plätze zurücktritt und sich da paarweise wieder aufstellt, hebt sich der Vorhang und es beginnt die

Zweite Handlung.

In der Mitte der Bühne steht die Krippe, neben ihr rechts Joseph, links Maria.

Maria (über die Krippe gebeugt).

Er schlägt die Augen auf! O süßer Sohn!
Gar elend ist der Raum, wo Du geboren.
Du steigest von des Himmels höchstem Thron
Und hast Dir solche Niedrigkeit erkoren,
Und so ist es ein schmerzliches Entzücken,
Dich, Gottes Sohn, an's Mutterherz zu drücken.

In dürft'ge Windeln bist Du eingehüllt,
Ein hölzern Kripplein ist Dein erstes Bette;
Wo sonst das Rind mit rauher Stimme brüllt,
Im Stall ist Deine erste Schlummerstätte.
Der Kummer möchte mir das Herz zerdrücken,
Dich, holder Sohn, so hülflos zu erblicken.

Joseph.

Getrost, Maria, süße Gattin mein!
Weil Gott es will, wird's so das Beste sein.
Vor Gott gilt nichts der Menschen hohes Wesen,
Vor Gott gilt nichts der Erde Herrlichkeit;
Er konnte ja ein Königskind erlesen,
Doch wählt' er Dich in Deiner Niedrigkeit.
Und sieh, ganz hülflos ist er nicht, Dein Sohn:
Sein Vater blickt auf ihn vom hohen Thron,
Du trägst ein Mutterherz so ohne Gleichen,
Und ich, ich will ein Vaterherz ihm zeigen.

Maria.

So wollen wir dem Vater froh vertrau'n,
Er weiß am besten, was sein Rath beschlossen,

Und demuthsvoll empor zum Himmel schaun,
Der solche Gnade auf uns ausgegossen.
Und dieses Kind, der Völker Heil und Segen,
Wir wollen es an treuen Herzen hegen,
Bis einst sich Gottes Rath und heil'ger Willen
An uns und diesem Kinde wird erfüllen.

Die drei Hirten treten auf.

Ruben.

Hieher wies uns des Sternes Schein,
Hier muß das Kind zu finden sein.

Simon.

Hier liegt es, hier in dieser Krippe,
In Windeln, wie der Engel sprach.

Elieser.

So danket Gott mit Herz und Lippe,
Zu Ende ist nun unsre Schmach.

Ruben.

Wohlan, so laßt in schlichten Weisen
Den Heiland im Gesang uns preisen!

Hirtengesang.

Bethlehem, uns wundert Alle,
Wie es immer zu mag geh'n,
Daß in einem kleinen Stalle
Kann des Himmels Glanz entsteh'n.
Hat denn nur der Sterne Menge
Raum in einer solchen Enge?

Aber Du, o Mensch, vor Allen
Hebe Deine Stimm' empor,
Laß Dein Freudenlied erschallen
Dort in jenem Engelchor,
Daß den Hirten auf der Weide
Heut verkündigt solche Freude.

Joseph (verwundert.)

Was führt hieher Euch, liebe Leute,
Und was stimmt Euch zu solcher Freude?

Ruben.

Wir hielten auf dem Felde Wacht
Bei unsern Heerden diese Nacht,
Da trat zu uns, o strahlend schön!
Ein Engel aus des Himmels Höh'n.
Der sprach: Seid ohne Furcht, Ihr Leute,
Denn ich verkünd'ge große Freude.
Euch ist der Heiland heut geboren,
Zum Retter Israels erkoren.
Schnell sollt' in Davids Stadt Ihr geh'n,
Da werdet Ihr den Heiland seh'n
In Windeln und in einer Krippen.
Drauf klang von tausend Engelslippen
In einer wunderbaren Weise
Ein Jubellied zu Gottes Preise.

Elieser

(an der Krippe; in tiefer Bewegung).

Hier bist Du denn! Es ist erfüllt,
Was unserm Volke Gott verheißen.
O Königlein, so hold und mild,
Wie glücklich müssen wir uns preisen,
Daß wir die Allerersten sind,
Die hier zu Deiner Krippe treten,
Um Dich, Du neugebor'nes Kind,
Als unsern König anzubeten.
Ich schenke Dir auch eine Gabe,
Das Beste, was ich kann und habe.
Ein Lämmlein ist es, sanft und rein,
Das soll, o Kind, Dein Sinnbild sein.
Denn groß ist Deines Volkes Schuld
Und übervoll das Maaß der Sünden;
Da brauchst Du mit uns viel Geduld,
Um einst in uns Dein Reich zu gründen.
O gründe bald Dein Reich auf Erden,
Und laß uns Deine Diener werden!

Simon.

Von mir nimm diesen Hirtenstab!
's ist freilich eine arme Gab';
Doch könnt' ich Dir, o Kindlein, sagen,
Wie viel er Wölfe todtgeschlagen,

Er schiene Dir wohl ehrenwerth,
So gut als eines Kriegers Schwert.
Du wirst dereinst auch Hirte sein
Und wirst mit Wölfen kämpfen müssen,
Um Deine Schafe zu befrei'n
Von ihren mörderischen Bissen.
O könnt' ich noch in meinen Tagen
Dir diese Wölfe helfen schlagen!

Ruben.

Von mir, o Kind, nimm die Schalmei!
Wenn diese hören meine Thiere,
So kommen sie sogleich herbei
Und folgen, wohin ich sie führe.
O laß auch Du sie einst ertönen
Hell unter unsers Volkes Söhnen,
Damit wie Schafe alle, alle
Mit Freuden folgen ihrem Schalle.
Du bist es ja, der uns als Hirt
Auf sel'gen Auen weiden wird.

Maria.

Habt Dank, Ihr Männer lieb und werth!
Ihr habt dies Kind zuerst geehrt
Mit Gruß und Lied und mit Geschenken.
Mein Sohn wird einst daran gedenken,
Daß, als er in die Welt gekommen,
Die Hirten so ihn aufgenommen.
Schaut her! er lächelt sanft Euch zu.
Doch schließe Deine Aeugelein
Und schlumm're, Kindlein, schlumm're Du,
Die Mutterliebe singt Dich ein.

Wiegenlied.

Kommet her zu dieser Krippen,
Die wir hier im Stalle sind,
Und belobet mit den Lippen
Unser neugebornes Kind.
Stimmet mit — stimmet mit Maria ein:
Eia schlaf,' schlaf', schlaf',
Schlaf', mein liebes Jesulein, mein Jesulein.

Eliefer.

Doch nun zurück zu unsern Schafen,
Die draußen auf dem Felde schlafen.
Lebt wohl, und denket immer dran,
Du, junge Mutter, Du, ihr Mann,
Was für ein theuerwerthes Pfand
Der Herr gelegt in Eure Hand.
Geschieht einst, was uns Gott verheißen,
So werden Kindeskind Euch preisen.
Du schlumm're sanft, o Kind so klein,
Und Gott mag immer mit Dir sein!

Der Vorhang fällt. Der Chor beginnt noch auf den ursprünglichen Standplätzen den folgenden Gesang Paul Gerhard's, der in der ursprünglichen rhythmischen Weise zu singen ist, nicht, wie er in der Kirche mit Orgelbegleitung gesungen wird. Bei der zweiten Verszeile stellt sich der Chor wieder in eine Reihe vor der Bühne auf.

Chorgesang.

1. Sollt' ich meinem Gott nicht singen?
   Sollt' ich ihm nicht dankbar sein?
Denn ich seh' in allen Dingen,
   Wie so gut er's mit mir mein't.
Ist doch nichts als lauter Lieben,
   Was sein treues Herz erregt,
   Das ohn' Ende hebt und trägt,
Die in seinem Dienst sich üben.
Alles Ding währt seine Zeit,
Gottes Lieb in Ewigkeit.

2. Wie ein Adler sein Gefieder
   Ueber seine Jungen streckt,
Also hat auch meine Glieder
   Gottes starker Arm bedeckt;
Ja auch schon im Mutterleibe,
   Da er mir mein Wesen gab
   Und das Leben, das ich hab'
Und noch diese Stunde treibe.
Alles Ding währt seine Zeit,
Gottes Lieb' in Ewigkeit.

3. Sein Sohn ist ihm nicht zu theuer;
   Nein, er gibt ihn für mich hin,
Daß er mich vom ew'gen Feuer
   Durch sein theures Blut gewinn'.
O du unergründ'ter Brunnen!
   Wie will doch mein schwacher Geist,
   Ob er sich gleich d'rauf befleißt,
Deine Tief' ergründen können?
Alles Ding u. s. w.

4. Seinen Geist, den edlen Führer,
   Gibt er mir in seinem Wort,
Daß er werde mein Regierer
   Durch die Welt zur Himmelspfort',
Daß er mir mein Herz erfülle
   Mit dem hellen Glaubenslicht,
   Das des Todes Macht zerbricht
Und die Hölle selbst macht stille.
Alles Ding u. s. w.

5. Weil denn weder Ziel noch Ende
   Sich in Gottes Liebe find't,
Ei, so heb' ich meine Hände

(Der Chor legt die Hände zum Gebet zusammen.)

   Zu Dir, Vater, als Dein Kind,
Bitte, woll'st mir Gnade geben,
   Daß ich als Dein Eigenthum
   Dich stets lieb' und Deinen Ruhm
Hier erheb' in meinem Leben,
Bis ich Dich nach dieser Zeit
Lieb' und lob' in Ewigkeit.

Mit dem Ende des Gesanges, während der Chor an die ursprünglichen Plätze zurücktritt, hebt sich der Vorhang wieder.

Dritte Handlung.

An der rechten Seite der Bühne steht ein Armstuhl, auf dem eine Krone liegt. Herodes steht ganz vorn in der Mitte.

Herodes.

'S ist Alles doch zu etwas gut!
Der Kaiser fordert den Tribut,

Tausend Talente jedes Jahr, —
Es ist ein schönes Geld fürwahr,
Und schad' ist um das schöne Gold,
Das in der Römer Seckel rollt.
Doch fordern es die Amtleut' mein
Natürlich von dem Volke ein,
Und murrt das auch, so zahlt es doch.
Bisher nun fand sich's immer noch,
Daß mir von dem, was eingetrieben,
Drei Viertelchen sind übrig blieben;
Deß wird dann meine Kasse froh.
Ob wohl dem König Salomo
In seinem Glanz und seiner Macht
Das Reich so viel hat eingebracht?
Der Jud' ist geizig, zahlt nicht gern,
Die Furcht nur kann ihm Geld erpressen;
Hätt' er den Römer nicht zum Herrn,
So müßt' ich Brot mit Knoblauch essen.

Laban (eintretend).

Herr König, vor dem Thore steh'n
Drei Leute, seltsam anzuseh'n.
Sie kommen wohl aus fernem Land,
Der Eine ist ganz schwarz gebrannt.
Den König wünschen sie zu sprechen.

Herodes.

Sie sind doch ohne Waff' und Wehr?

Laban.

Sie haben nichts zum Hau'n und Stechen.

Herodes.

So rufe sie nur zu mir her." (Laban ab.)

Herodes setzt sich die Krone auf und nimmt gravitätisch auf dem Armsessel Platz, indem er spricht:

Nun muß ich mich vor allen Dingen
In königliche Haltung bringen,
Daß jeder Blick die Majestät
Und jede Miene Macht verräth.
Dem stolzen und gestrengen Herrn,
Dem huldigen die Menschen gern.

Die drei Weisen treten auf. Laban hinter Ihnen.
Kaspar.
Der ferne Osten hat uns ausgesand't
Her in dies alte, weitberühmte Land,
Das aus der Knechtschaft und der Fäulniß Gruft
Ein Gottesspruch zu neuem Glanze ruft.
Denn wisse, König, unsers Volkes Weise
Erkennen aus dem Stand der Sternenkreise
Der Einzelnen und auch der Völker Loos,
Und was sonst birgt der Zukunft dunkler Schooß.
Vor tausend jetzt und fünf und funfzig Lenzen
Sah einen Stern von Wunderpracht man glänzen
Der leuchtete Isais jungem Sohn,
Als er bestieg den königlichen Thron.
Und also war der Gottesspruch, der hehre:
Wenn dieser Stern auf's Neue wiederkehre
Nach tausend und nach fünf und funfzig Jahren,
Dann sollte Großes Israel erfahren,
Dann sollte ihm ein Kind geboren werden,
Deß Reich wird unermeßlich sein auf Erden,
Ein Reich des Friedens, wie noch keines war,
Das aller Völker ungezählte Schaar
Zu einem Volk von Brüdern wird verbinden.
Das ist's, was uns're Weisen uns verkünden.
Und sieh', der helle Stern ist jetzt erschienen,
Er leuchtet prächtig durch die dunkle Nacht;
So zeige uns das Kind, daß wir ihm dienen,
Wir haben Gruß und Gaben ihm gebracht.
Herodes
Da bringt Ihr uns gar neue Mähr
Aus Eurem fernen Lande her!
Wir wohnen selber hier am Ort
Und wissen davon noch kein Wort.
Melchior.
Doch was der Lauf der Sterne spricht,
O König, trügt und täuschet nicht.
Ist Dir nicht jüngst ein Sproß geboren,
Da Dir bereits das Haar erbleicht,
So ward vielleicht Dein Sohn erkoren,
Der den Verheiß'nen hat erzeugt.

Herodes.

Ich hatte wohl der Frauen zehn
Und habe manchen Sohn geseh'n;
Doch jetzt bei meinen sechzig Jahren
Kann das mir nicht mehr widerfahren;
Von keinem auch der Söhne mein
Gewann ich jüngst ein Enkelein.
Doch kann ein König auch ersteh'n,
Wo Niemand dessen sich verseh'n.
Mein Diener Laban, laufe schnell,
Bring Rabbi Mose mir zur Stell',
Der der Propheten Bücher kennt
Vom Anfang bis zum letzten End'. (Laban geht.)
Wir haben hier ein altes Buch,
Drin sollen solche Sachen steh'n,
Doch wurde noch kein Mensch draus klug,
Ich hab's auch noch nicht angeseh'n.
Es sind nur geistesschwache Thoren,
Die damit ihre Zeit verloren.
Wer geistesstark und geistesklar,
Glaubt nicht an solches Prophezeih'n;
Wenn es nicht reiner Zufall war,
Traf nicht ein einzig Wort noch ein.

Balthasar.

O Herr, von eines Gottes Stärke
Zeugt jedes seiner großen Werke,
Und Alles zeugt von einem Plan:
Was siehst Du noch für Zufall an?
Und es gab Menschen alle Zeit,
Die all' ihr Denken Gott geweiht,
Bis seiner Weltregierung Plan
Sie schauten klaren Blickes an.
Sie sahen dann in einem Bilde,
Was Andern sich in Nacht verhüllte,
Und was ein solcher Mund dann spricht,
O König, das verachte nicht!
(Rabbi Mose tritt auf.)

Herodes.

O Rabbi Mose, tritt heran,
Du Krone aller Schriftgelehrten,

Und sprich, ob irgend wo und wann
Ein König soll geboren werden,
Der solch ein unermeßlich Reich
Aufrichtet, daß ihm keines gleich,
Daß alle Völker einst auf Erden
Ein einzig Volk von Brüdern werden.

Rabbi Mose.

Hört, was im heil'gen Buche steht,
Denn so spricht Micha der Prophet:
 In den letzten Tagen aber wird der Berg,
Darauf des Herrn Haus steht,
Gewiß sein höher denn alle Berge
Und über die Hügel erhaben sein.

Und die Völker werden herzulaufen,
Und viele Heiden werden gehen und sagen:
Kommt, laßt uns hinauf zum Berge des Herrn gehen
Und zum Hause des Gottes Jacobs,
Daß er uns lehre seine Wege
Und wir auf seiner Straße wandeln.
Denn aus Zion wird das Gesetz ausgehen
Und des Herrn Wort aus Jerusalem.

 Er wird unter großen Völkern richten
Und viele Heiden strafen in fernen Ländern.
Sie werden ihre Schwerter zu Pflugschaaren
Und ihre Spieße zu Sicheln machen;
Es wird kein Volk wider das andere ein Schwert aufheben
Und werden nicht mehr kriegen lernen.

Herodes.

Wann aber ist die letzte Zeit?
Es scheint, wir sind davon noch weit.
Auch fehlt der Name und der Ort.

Rabbi Mose.

Bald fährt dann so der Seher fort:
 Und Du, Bethlehem Ephrata,
Die Du klein bist unter den Tausenden in Juda,
Aus Dir soll mir kommen, der in Israel Herr sei,
Welches Ausgang von Anfang und von Ewigkeit her gewesen.

 Indeß läßt er sie plagen bis auf die Zeit,
Daß die, so gebären soll, geboren habe;

Da werden dann die Uebrigen seiner Brüder
Wieder kommen zu den Kindern Israel.

Er aber wird auftreten und weiden in Kraft des Herrn
Und im Siege des Namens seines Gottes.
Und sie werden wohnen; denn er wird zu derselbigen Zeit
Herrlich werden, so weit die Welt ist.

Herodes.

O Bethlehem, du Städtchen klein,
Du sollst gar hoch gepriesen sein;
Doch hätte man es kaum gedacht,
Daß Du erwählt zu solcher Pracht!
Zwei Stunden mittagwärts von hier,
Ihr fremden Männer, findet Ihr
Wohl einen hohen Felsenberg,
Und wie auf dem Kameel ein Zwerg
Ist drauf ein Städtlein auch zu seh'n;
Dorthin nun müßt Ihr suchen geh'n.
Und solltet Ihr den Heiland finden,
So kommt, um mir es zu verkünden.
Ich will dann auf die Wallfahrt geh'n
Und auch des Volkes Heiland seh'n,
Demüthig vor sein Antlitz treten,
Um ihn als König anzubeten.

Kaspar.

Wir geh'n, o König! Heil und Frieden
Sei Deinem Hause stets beschieden.

(Der Vorhang fällt.)

Chorgesang.

1. Gott der Juden, Gott der Heiden,
  Aller Völker Heil und Licht,
Saba sieht den Stern mit Freuden,
  Der von Dir am Himmel spricht,
Sem und Japhet kommt von fern,
Dich zu seh'n, Du Jakobsstern.

2. Wir gesellen uns zu denen,
  Die aus Morgenlande sind;
Unser Fragen, unser Sehnen
  Ist nach Dir, Du edles Kind.

Bist Du in Jerusalem?
Oder nur in Bethlehem?

3. Kein Herodes kann uns sagen,
 Wo Dein Thron ist aufgericht't;
Wenn wir die Gelehrten fragen,
 Wissen sie die Wahrheit nicht;
Suchen wir, o König, Dich,
Weiset uns die Welt von sich.

4. Doch Dein Wort ist Stern und Flamme
 Und bezeichnet Haus und Pfad,
Wo Dich, Held aus Jakobs Stamme,
 Tyrus angebetet hat,
Wo die erste Heidenschaar
Zeuge Deines Glanzes war.

5. Nun, wir eilen mit Verlangen
 Wie die Läufer Midian,
Dich, Messias, zu empfangen,
 Der den Himmel schenken kann;
Uns're Kniee beugen sich,
Uns're Arm' umfassen Dich.

 Der Vorhang hebt sich wieder.

Vierte Handlung.

Auf der Bühne steht die Krippe, wie in der zweiten Handlung. Zu jeder Seite der Krippe eine kleine Bank; auf der rechts sitzt Joseph, links Maria.

Maria.

Er schläft so sanft! ein leises Lächeln zieht
 So wundersam durch seine frommen Mienen.
Ob er nicht jetzt den Himmel offen sieht,
 Wo freudig ihm die lichten Engel dienen?
Ja freilich muß es besser Dir gefallen,
Wo aller Engel Lobgesänge schallen.

Joseph.

Das Kindlein schläft; so schlumm're denn auch Du,
 Damit Du neugestärkt erwachst am Morgen.
Du gönnest Dir nicht eine Stunde Ruh
 Im Uebermaaß der Liebe und der Sorgen.
Du darfst das Kind ja nicht allein behüten,
Es ruht in eines Höhern Schutz und Frieden.

Maria.

O Joseph, gönne mir doch diese Lust,
  Das Kindlein zu behüten mit den Blicken!
Du weißt es nicht, wie eine Mutterbrust
  Aufjauchzt in unermeßlichem Entzücken.
Mit jedem Blicke schöpf' aus diesem Bronnen
Ich immer neue Kraft und neue Wonnen.
Doch horch! Klopft es nicht dort?

Joseph

(geht nach der Seite, als ob er die Thüre öffnete.)
                            Was bringt Ihr Herrn?

Kaspar.

Uns führt hieher des Himmels schönster Stern.
Wir zogen weite Bahn aus fernen Landen,
Bis wir das Kind, der Völker Heiland, fanden.
Hier liegt's auf Stroh! Wer hätte das gedacht?
Doch steigt die Sonne stets ja aus der Nacht,
Und größ'rer Glanz, als je die Welt geseh'n,
Wird bald aus diesem dunkeln Stall ersteh'n.

Melchior.

So sei gegrüßt, Du König aller Welt!
Wir huldigen Dir froh mit unsern Gaben.
Wenn einst Dein Licht die Völker rings erhellt,
So laß uns Theil an Deinem Reiche haben.

Balthasar.

Und Deine schwarzen Brüder auch im Süden
Nimm auf in Deines ew'gen Reiches Frieden.

Kaspar.

Ich bringe Dir als Gabe rothes Gold,
Wie es der Dienstmann seinem König zollt;
Doch weiß ich wohl, Du willst nicht gold'ne Gaben,
Du willst uns selbst, willst unf're Herzen haben,
Nicht Du durch uns, wir werden reich durch Dich;
So nimm zugleich mein ganzes Herz und mich!

(Er setzt einen goldnen Becher, den man sich mit Gold
gefüllt zu denken hat, vor der Krippe nieder.)

Melchior,
(mit einem verschlossenen Gefäße voll Weihrauch.)
Der Weihrauch, wie wir ihn dem Höchsten weih'n,
Soll Deines Priesterthums ein Sinnbild sein.
Du wirst dereinst ein hoher Priester werden,
Wie keiner noch dem Herrn gedient auf Erden,
Von Dir wird solch ein Opfer dargebracht,
Das uns und alle Menschen selig macht.

Balthasar.
(mit einer Büchse voll Myrrhensalbe.)
Mit Myrrhen salbet man den Leib von Erde,
Daß lieblich sein Geruch den Menschen werde;
Doch selig sind die Menschen, die einst hören
Des ewigen Propheten ew'ge Lehren:
Sie werden ganz, so Seele als Gebein,
Ein süßer Wohlgeruch dem Höchsten sein.

Kaspar.
Ihr sel'gen Eltern, hoch gebenedeit,
Nehmt diese Gaben auf mit Freundlichkeit,
Und sagt ihm einst, wenn er zum Manne ward,
Daß ferne Völker seiner längst geharrt.

Melchior.
So lebt denn wohl! Es ist schon dunkle Nacht.
O schlummert sanft in aller Engel Wacht.

Balthasar.
Und Du, o Kind, dereinst auch uns zum Segen,
Du schlumm're Deinem großen Tag entgegen!

Gesang der drei Weisen.
Nun wir geh'n von Deiner Krippen,
 Laß mit Segen uns von Dir;
Zeig' uns Bahn durch Dorn und Klippen,
 Still' der Feinde Mordbegier;
Mach' uns einen Weg bekannt,
Der uns führt in's Vaterland.

(Sie gehen ab.)

Joseph.
Marie, Maria! Ach, Dein Kind so klein
Wird einst ein König großer Reiche sein.
Das sagte uns das Wort der Hirten schon,
Das sagte uns im Tempel Simeon,

Und jetzt hat auch das ferne Morgenland
Ihm Huldigung und Gaben zugesandt.

Maria.

O Mann, mein Herz wird gar so wonneschwer!
Mir ist, (die Augen schließend,) als ob ich schon gestorben wär',
(Einschlafend) Und wäre mitten in dem Himmel drein,
Und — hörte singen — alle Engelein.
(Sie ist eingeschlafen.)

Joseph.

Sie schläft. Mir fallen auch die Augen zu.
O Vater, schenk' uns eine sanfte Ruh!
(Er schläft ebenfalls ein. Kleine Pause. Der Engel der
Erbarmung erscheint.)

Engel.

O Joseph, höre Deines Gottes Wort!
Herodes sinnt auf dieses Kindes Mord.
Drum stehe auf und nimm Dein Weib und Kind
Und fliehe nach Aegyptenland geschwind,
Und bleibe dorten bis zu jenem Tage,
Wo ich, daß Du heimkehren sollst, Dir sage.
(Er verschwindet.)

Joseph (erwachend).

Maria, wache auf! Wir müssen fort!

Maria.

Wohin, wohin?

Joseph.

Fern nach Aegyptenland.
Herodes sinnt auf dieses Kindes Mord;
So sprach der Engel, den uns Gott gesandt.

Maria.

Mein Kind ermorden? Joseph, laß uns eilen!
Wir geh'n, und wären's auch zehntausend Meilen.
(Indem sie sich über die Krippe beugt, um das Kind
herauszunehmen, fällt schnell der Vorhang.)

Chorgesang:

(Mel: O Haupt voll Blut und Wunden.)
Der Menschen Zorn und Wüthen,
Du meines Lebens Licht,

Gönnt Dir des Schlummers Frieden
Auch selbst im Stalle nicht.
Dich, den sein brünstig Lieben
Trieb aus des Vaters Haus,
Dich hat der Haß getrieben
Weit in die Welt hinaus.

2. Wo werd' ich Dich nun finden?
Zu Bethlehem nicht mehr,
Das jetzt ein Ort voll Sünden,
Wo jetzt Dein Kripplein leer.
Es zieht des Herzens Sehnen
Zu Deiner Krippe mich,
Ich möcht' in Freudenthränen
Begrüßen, Heiland, Dich.

3. Doch habe ich im Glauben,
Mein Heiland, Dich geschaut:
Kein Feind kann Dich mir rauben,
So bist Du mir vertraut.
Ich wohn' in Deinem Herzen,
Und in dem meinen Du,
Uns scheiden keine Schmerzen,
Kein' Angst, kein' Tod dazu.

(Bei den Worten „Ich wohn' in Deinem Herzen" setzt sich der Chor in Bewegung und zieht wie oben in das Innere der Bühne. Nach dem Ende des Gesanges erhebt sich der Vorhang wieder.)

Fünfte Handlung.

Die Bühne ist wie in der dritten Handlung. Herodes geht unruhig auf und ab.

Herodes.

Sie kommen nicht! Die Männer sind
Wohl einen andern Weg gezogen.
Gewiß! sie fanden jenes Kind
Und haben schmählich mich betrogen.

(Zu Laban, der eben eintritt.)

Du, Laban, schaff' das Kind zur Stell',
Das schon in Windeln ein Rebell,
Denn sterben muß es, es muß sterben,
Soll ich nicht und mein Haus verderben.

Laban.

Herr König, wie es sich gebührt,
Hab' emsig ich umhergespürt;
Ich schickte selbst mein Weib hinaus,
Die Alles zu erkunden weiß,
Die forschte denn von Haus zu Haus
In Bethlehem mit allem Fleiß.

Herodes.

Und? Schnell! Was fand sie?

Laban.

   Herr, gar wenig,
Vor Allem keinen neuen König.

Herodes.

Was nützt mir das? Doch fahre fort!

Laban.

Es sind in jenem ganzen Ort
In diesen letzten Monden zwei
Geboren nur der Kindlein drei,
Denn Bethlehem ist gar so klein,
Und — das sind lauter Mägdelein.

Herodes.

So? Welches von den Mägdlein jung
Empfing denn dann die Huldigung
Der Herren aus den Morgenlanden?

Laban.

Ich zweifle, daß sie etwas fanden,
Und vielleicht suchten sie auch nicht,
Sie hatten wenigstens kein Licht.
Sie kamen in die Herberg dort
Nachts, als schon Alles schlafen lag,
Sie sprachen fast kein einzig Wort
Und zogen weiter noch vor Tag,
Und haben weder Knecht noch Magd
Nach einem kleinen Kind gefragt.

Herodes.

Das weckt mir gräßlichen Verdacht!
Sie kamen hin erst in der Nacht?

Hier gingen sie bei guter Zeit
Und hatten nur zwei Stunden weit.
Wo waren sie in Teufels Namen,
Eh' dort sie in die Herberg kamen?

Laban.

Sie speis'ten in Jerusalem
Vor ihrem Marsch nach Bethlehem;
Habt ihnen nichts zu essen geben;
Die Leute wollen doch auch leben!

Herodes.

Was nützt mir denn Dein Forschen nun?
Doch weiß ich, was mir ist zu thun.
Ruf' mir den Hauptmann meiner Wacht

(Laban geht ab.)

Man sah den Stern jetzt in der Nacht;
Doch wie die Schriftgelehrten sagen,
So stand er auch in frühern Tagen
Am Himmel, nur sah man ihn nicht,
Weil ihn verhüllt das Sonnenlicht.

(Der Hauptmann kommt.)

Mein Hauptmann, höre wohl mein Wort!
Du gehst nach Bethlehem sofort
Mit einer starken Schaar hinaus,
Und gehst mir dort von Haus zu Haus
Und in dem Weichbild rings im Kreis,
Und forschest sorgsam und mit Fleiß,
Wo sie in einem Hause Knaben
Von zwei Jahr oder drunter haben.
Die tödtest Du mir ohn' Erbarmen,
Den Säugling selbst in Mutterarmen,
Und daß kein Kind entgehe Dir!
Mir bürgt Dein eigner Kopf dafür.

Hauptmann.

Des Königs Wille muß gescheh'n,
Und mag die Welt zu Grunde geh'n.
Gehorsam leiste ich sofort.

Herodes.

Das war ein ächtes Manneswort,

Und wenn die That dem Wort entspricht,
So zweifle an dem Lohne nicht.
(Hauptmann ab.)
So rette ich mit einem Streich
Mir und dem Kaiser auch das Reich!
(Kleine Pause. Herodes in nachdenklicher Stellung. Jetzt beginnt ganz leise wie aus der Ferne der Klagegesang des Chores; zwischen den einzelnen Zeilen des Gesanges spricht Herodes.)

Chor.   Herodes.

Man höret eine klägliche Stimme
      Ja freilich wird es Jammer geben,
Und auf der Höhe bitteres Weinen.
      Doch mir dient's zur Beruhigung.
Rahel weinet über ihre Kinder
      Sie können ja nicht ewig leben,
Und will sich nicht trösten lassen,
      Drum ist es gut, sie sterben jung.
Denn es ist aus mit ihnen.

(Während der letzten Worte des Chores wird plötzlich die Bühne mit rothem Lichte erleuchtet, der **Engel des Zorns** erscheint.)

Der Engel.

Herodes, höre Adonai's Wort!
Zum Himmel schreit unschuld'ger Kinder Mord.
Mit Fluch beladen stehst Du Wurm, Du Nichts,
Bald zitternd vor dem Throne des Gerichts.
Und was hast Du Unseliger gethan!
Du streitest wider Gottes ew'gen Plan,
Der seinen eignen Sohn herabgesandt,
Der ew'gen Gnade ew'ges Unterpfand,
Um auf der Erde Gottes Reich zu gründen
Und Dich auch zu erlösen, Knecht der Sünden.
Von dem Du noch den Himmel konntest erben,
Den wolltest Du Unseliger verderben.
Doch der ist sicher schon vor Deiner Wuth,
Fern in Aegypten und in Gottes Hut,
Und nutzlos hast Du dieses Blut vergossen,
Durch das Dein Sündenmaaß ist übersflossen.

Du wolltest retten irb'sche Herrlichkeit,
Und — der Verdammniß hast Du Dich geweiht!

(Herodes, der bis jetzt mit Zeichen des Entsetzens, die rechte Hand an den Kopf, die linke an das Herz pressend, etwas rückwärts gebeugt dagestanden hat, stürzt jetzt plötzlich auf das Gesicht nieder. Eine kleine Pause.)

O hättest Du die Kraft, noch umzukehren,
Ergraut in Mord und Frevel, wie Du bist,
Und ihn als Deinen Heiland zu verehren,
Der liebend in die Welt gekommen ist,
Damit die Liebe herrsche einst auf Erden,
So könntest Du auch noch gerettet werden.
Wenn er dereinst sein großes Werk vollbracht,
Dringt siegreich er selbst durch des Todes Nacht,
Und er kann aus der ew'gen Qual der Bösen
Die reuigen Verdammten noch erlösen.
Versäume nicht die letzte Gnadenfrist,
Damit nicht ewig Du verloren bist.
Noch einmal ruft er Dich und alle Sünder:
Kommt in mein Reich und werdet Gottes Kinder,
Laßt Eures Glaubens Frucht die Liebe sein,
Dann geht Ihr einst mit mir zum Himmel ein!

Der Vorhang fällt. In demselben Augenblicke erscheinen die beiden Halbchöre rechts und links auf der Treppe mit dem Schlußgesang:

Ehre sei Gott in der Höhe und Friede auf Erden!

Während dieser Worte stellen sie sich wieder in einer Reihe vor dem Vorhang auf, die beiden Führer der Halbchöre wiederholen noch einmal:

Und Friede auf Erden!

und nun macht der ganze Chor als Zeichen des Schlusses eine Verbeugung gegen die Zuschauer.